壮美山水

王渝生　主编

中国大百科全书出版社

图书在版编目（CIP）数据

壮美山水 / 王渝生主编 . -- 北京 ： 中国大百科全书出版社，2025. 1. -- ISBN 978-7-5202-1728-6

Ⅰ . K91-49

中国国家版本馆 CIP 数据核字第 20242E1V83 号

出　版　人：刘祚臣

责任编辑：杜晓冉

责任校对：刘敬微

责任印制：李宝丰

出　　　版：中国大百科全书出版社

地　　　址：北京市西城区阜成门北大街 17 号

网　　　址：http://www.ecph.com.cn

电　　　话：010-88390718

图文制作：北京杰瑞腾达科技发展有限公司

印　　　刷：唐山富达印务有限公司

字　　　数：100 千字

印　　　张：8

开　　　本：710 毫米 ×1000 毫米　　1/16

版　　　次：2025 年 1 月第 1 版

印　　　次：2025 年 1 月第 1 次印刷

书　　　号：978-7-5202-1728-6

定　　　价：48. 00 元

探索无垠，启迪智慧之旅

在浩瀚的知识海洋中，人类始终怀揣着对未知世界的好奇与渴望，不断前行。从璀璨的星空到深邃的海洋，从微小的粒子到广袤的宇宙，奥秘无穷无尽，吸引着我们去探索、去发现、去理解。

自古以来，知识就是人类进步的阶梯，是推动社会发展的重要力量。从古希腊哲学家泰勒斯首次提出"水是万物之源"的朴素自然观，到伽利略首次将望远镜对准夜空，开启天文学的新纪元；从牛顿的万有引力定律，到爱因斯坦的相对论，每一次知识的飞跃，都深刻地改变了我们对世界的认知。今天，我们站在巨人的肩膀上，拥有更加先进的科技手段，能够以前所未有的深度和广度去探索这个多彩的世界。

在本书的编纂过程中，我们始终秉持着系统性和启蒙性的原则。系统性意味着不仅要覆盖知识的各个领域，还要注重知识之间的内在联系和逻辑关系，最终形成一个完整的知识体系。这样，读者在阅读过程中，不仅能够学习具体的知识点，还能够理解这些知识点在整个知识体系中的位置和作用，从而更加深入地掌握所学知识。

启蒙性则是指我们在阐述科学知识时，注重培养读者的科学思维和批判性思考能力。我们鼓励读者不仅要接受知识，更要学会质疑、学会创新。通过引导读者进行科学探究和实践活动，我们希望能够激发读者的好奇心和求知欲，培养独立思考和解决问题的能力。

随着科技的飞速发展，人类的认知也在不断深化和拓展。从量子纠缠到暗物质探测，从基因编辑到人工智能，每一次科技的突破都预示着新的科学革命即将到来，同时，我们对历史与社会的认识也在不断深入。

我们希望通过本书，为读者提供一个起点，而不是终点。我们鼓励读者在阅读过程中，不断提出新的问题、探索新的领域、追求新的发现。因为，真正的智慧之旅，是从不断提问和不断探索中开始的。我们相信，只要保持对知识的热爱和追求，每一个人都能成为自己领域的探索者和创新者。

在结束这篇序言之际，我们想说，探索未知、追求智慧，是人类永恒的主题。本书是我们为每一位热爱知识、渴望智慧的读者准备的一份礼物。希望它能够陪伴你走过一段充满惊喜和发现的旅程，让你在探索未知的道路上，不断收获新的知识和感悟。

让我们携手共赴这场智慧之旅吧！在仰望星空的浪漫中，在脚踏实地的探索中，在系统性与启蒙性的引领下，共同揭开自然与历史的神秘面纱，追寻那些隐藏的真理和智慧。愿你在这次旅程中，不仅能够收获知识的果实，更能够找到属于自己的那片星空和那片大地。

上篇：刺破青天锷未残——世界的名山

第一章　东方大地的擎天柱

第二章　西方世界的风景线

下篇：文明的发祥——世界的大河与大河文化

第一章 亚 洲

第二章 欧 洲

第三章　非　洲

第四章　南北美洲

上篇

刺破青天锷未残
世界的名山

山，快马加鞭未下鞍。

惊回首，离天三尺三。

山，倒海翻江卷巨澜。

奔腾急，万马战犹酣。

山，刺破青天锷未残。

天欲堕，赖以拄其间。

——毛泽东

第一章

东方大地的擎天柱

喜马拉雅山

世界最雄伟高大的山脉，由数条大致平行的支脉组成。向南凸出呈弧形。分布于青藏高原南缘，西起克什米尔的南迦-帕尔巴特峰（北纬35°14′21″，东经74°35′24″，海拔8125米），东至雅鲁藏布江大拐弯处的南迦巴瓦峰（北纬29°37′51″，东经95°03′31″，海拔7782米）。全长约2500千米。南北宽200～300千米。由北而南依次为大喜马拉雅山、小喜马拉雅山及西瓦利克山等。大喜马拉雅山大部分在中国境内，其西端和南侧支脉大多在巴基斯坦、印度、尼泊尔和不丹等邻国境内。主峰珠穆朗玛峰海拔 8848.86 米，为世界第一高峰。

喜马拉雅山名源于梵文，意为"雪的居所"，藏民则称雪山。主脉大喜马拉雅山平均海拔 6000 米以上，7000 米以上的山峰 50 余座，全球 14 座海拔 8000 米以上的高峰中即有 10 座分布于此。主脉上的一些山口要隘也多分布于海拔 4000～5000 米。其中，较著名的如东段的唐拉山口（海拔 4633 米）、中段的聂聂雄拉山口（海拔 5000 米）及西段的索吉山口（海拔 3529 米）等。高山顶部终年积雪，现代冰川作用强盛，冰川规模较大，著名的有珠穆朗玛峰、中国境内的绒布冰川、加布拉冰川及印度境内的热木冰川等。冰川总面积 3.3 万平方千米，中国境内约占 1/3。雪线高度 5800～6200 米，南坡雪线低于北坡。

地质概括

喜马拉雅山主脊系由前寒武纪结晶岩和变质岩－花岗岩、片麻岩和片岩及寒武－奥陶纪的浅变质岩－结晶灰岩、板岩与千枚岩等组成。北坡自奥陶纪至始新世的海相地层——灰岩、页岩、砂岩等总厚度达 1100 米。喜马拉雅山脉是青藏高原上隆起最晚的年轻山脉，于始新世古地中海撤退时开始升起，后经数次断块上升而形成。据希夏邦马峰北坡海拔 5700 米处发现高山栎古植物化石推断，上新世以来喜马拉雅山脉约升高了 2000 米。同时，南北向水平挤压。喜马拉雅山脉强烈褶皱并具掀升性质，形成向北倾斜的叠瓦状构造，山脉南陡北缓两坡不对称。喜马拉雅山地壳极不稳定，新构造运动十分活跃，地震活动频繁而强烈，是世界上主要大地震带之一。此外，南北走向的断裂构造发育，经河流切割形成纵向深险峡谷，成为西南季风气流北进的通道。

气候与垂直自然带

喜马拉雅山脉南北两侧气候迥异。山南气候暖热湿润。如墨脱（海拔 1130 米）和樟木（海拔 2300 米）两地，最热月平均气温分别达 22.1℃ 和 17.3℃，平均年降水量分别为 2300 毫米和 2800 毫米，位于山麓的巴昔卡（海拔 157 米）的年降水量则超过 4400 毫米。山北温凉干燥，一般最热月平均气温多低于 10℃，平均年降水量少于 400 毫米。气候垂直变化明显。南北两坡的地形、水文、生物、土壤及农业生产差异均大。以喜马拉雅山脉东段为例，南坡地势险峻，河网密，流水侵蚀强，原始森林葱郁，植物种类丰富，森林土壤多样。

山地垂直带是：①海拔 1100 米以下的低山丘陵为热带雨林和季雨林 – 砖红壤性土壤带。② 1100～2300 米为山地亚热带常绿阔叶林 – 黄壤带。③ 2300～2900 米为山地暖温带针阔叶混交林 – 黄棕壤和棕壤带。④ 2900～4100 米（森林上限）为山地寒温带云、冷杉暗针叶林 – 暗棕壤和漂灰土带。⑤ 4100～4400 米为亚高山寒带杜鹃、山柳等灌丛和高山蒿草草甸－亚高山灌丛土和高山草甸土带。⑥4400～4800米（雪线）为地衣、苔藓与座垫植物等组成的高山冰缘稀疏植被－寒冻土带，4800米以上为高山永久冰雪带。垂直自然带属海洋性湿润型系统。种植上限不超过4000米。在山麓谷地内可种植水稻、穆（鸡爪谷）、玉米与小麦等多种作物，一年两至三熟。可种茶树、甘蔗、柑橘与香蕉等。密林中常见麂、麝、黑熊、猴、小熊猫、各种毒蛇和羽毛鲜艳的鸟禽等。北坡地势相对和缓开阔，海拔一般在4000米以上，气候寒冷干燥。湖盆与宽谷地形发育，河流稀少，干旱剥蚀较强，森林面积骤减，除东部河谷地区有森林分布外，海拔5000米（高山草甸带下限）以下多为紫花针茅等禾本科植物组成高山草原带。海拔4000米以下较温暖的朋曲上游与雅鲁藏布江中游宽谷则为山地灌丛草原带，属草原土壤类型。垂直自然带属大陆性半干旱型系统。大部分地区为天然牧场，仅沿河沃土辟为耕地，可种植青稞、小麦、油菜和豌豆等作物，一年一熟。最高种植上限在聂拉木附近海拔4760米处，有野牦牛、藏原羚、旱獭、鼠兔和狐等野生动物。

　　喜马拉雅山脉东湿西干，西段（吉隆一带以西）的山麓地带已无热带森林，并在干燥河谷中出现长叶松、长叶云杉及霸王鞭类浆质刺灌丛。

人文概况

在中国境内的喜马拉雅山地区内的主要城镇有普兰、吉隆、樟木、聂拉木、亚东、定日、墨脱等县、镇，居民以藏族为主，邻近国境地区有珞巴族和门巴族，以及夏尔巴人、僜人等。

山区交通艰险而闭塞。南北通商往来主要经由较低的山口。现有从拉萨经聂拉木通往尼泊尔首都加德满都的中尼国际公路和拉萨至亚东、隆子、普兰等的公路干线。

泰山

中国五岳之首——东岳。

与陕西华山、湖南衡山、山西恒山和河南嵩山合称五岳。1987 年被联合国教科文组织列为世界文化与自然遗产。2006 年被联合国教科文组织评为世界地质公园。古名"岱宗""岱

泰山岱庙牌坊

山"，春秋时始称泰山。位于山东省中部，盘亘于泰安、济南之间，面积 426 平方千米。主峰天柱峰位于泰安城北，玉皇顶海拔 1532.7 米，是山东省最高峰。太古宇因受来自西南和东北两方面的挤压力褶皱隆起，经深度变质而形成中国最古老的地层——泰山群；后因地壳变动，被多组断裂分割，形成块状山体。现每年以 0.5 毫米的速度继续增高。泰山山势雄伟，巍峨险峻，群峰争奇，丘壑林泉，飞瀑松涛，誉为中国"五岳之宗"。风景四季晴雨各异，山分丽（山麓）、幽（登山东路）、妙（山顶）、奥（后石坞一带）和旷（登山西路）5 个游览区。泰山拥有宏伟的古代建筑，悠久的文化遗迹，秀丽的自然景色和众多的名胜古迹，如泉水甘冽的王母池、古柏参天的柏洞、气势磅礴的中天门、瀑布飞悬的云步桥、招臂

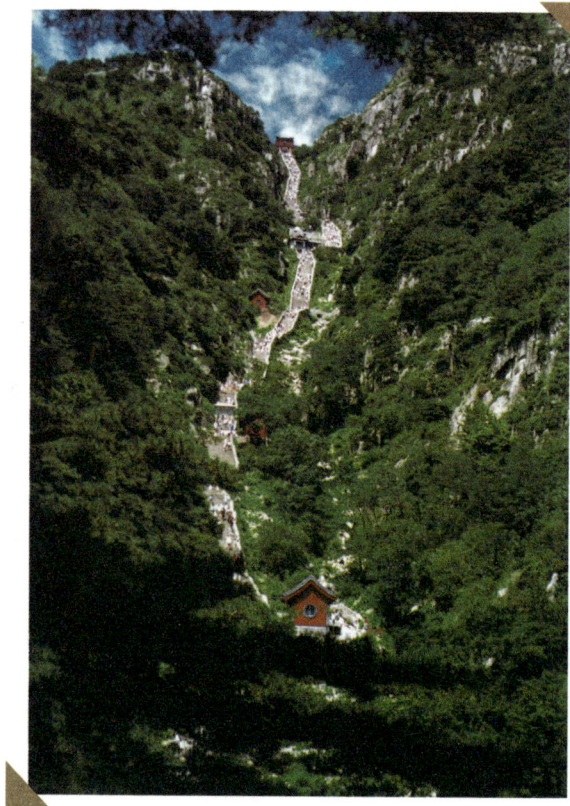

泰山十八弯

迎客的望人松、松生绝壁的对松山、犹如云梯的十八盘、耸入云端的南天门、怪石嶙峋的后石坞及白练高悬的黑龙潭瀑布等；山顶观景有"旭日东升""云海玉盘""黄河金带""晚霞夕照"四大奇观。泰山古代为封建帝王举行封禅大典和祭祀天地场所，建有行宫庙宇、楼阁殿庵多处，如岱庙、碧霞元君祠、普照寺等均系风格独具、自成体系的古建筑群。泰山碑刻石雕甚多，"秦二世泰山石刻"、汉石表、经石峪北齐人刻的"金刚般若波罗蜜经"、唐玄宗"纪泰山铭碑"摩崖石刻等。建有国家森林公园，占中国鸟类1/10的候鸟每年来泰山繁衍栖息。山区动植物药物和矿物药物共有近400种。泰山南麓盛产麦饭石。有公路和索道通山上。

黄山

中国名山，风景旅游区，避暑胜地。

1990年被联合国教科文组织列为世界文化与自然遗产。2004年被联合国教科文组织评为世界地质公园。位于安徽省南部、黄山山脉中段，面积约1200平方千米，其中有160.6平方千米划为风景区。秦称黟山，唐天宝六载（747）改名黄山，别称"黄岳"。自然风景优美，明代地理学家、旅行家徐霞客曾有"五岳归来不看山，黄山归来不看岳"之赞。黄山系江南丘

黄山迎客松

陵的组成部分，沿东北—西南方向延伸。山体主要由燕山期花岗岩构成，垂直节理发育，侵蚀切割强烈，多悬崖峭壁和深谷，形成石柱、石笋等独特的黄山花岗岩峰林地貌。山顶覆盖古老的砂岩、页岩，经风化剥蚀作用而呈奇峰怪石，多姿多彩。区内有已命名山峰72座，其中莲花峰、天都峰、光明顶为黄山三大主峰。莲花峰海拔1864.8米，为安徽省最高点。黄山自然风景兼有泰山之雄伟，华山之峻峭，衡山之烟云，庐山之飞瀑，峨眉山之清凉，并以山石、青松、云海、温泉为"黄山四绝"；黄山飞泉、瀑布很多，尤以九龙瀑、百丈瀑、人字瀑等著名。九龙瀑为黄山最壮丽的瀑布，位于罗汉峰与香炉峰之间，因上下计九叠故名。人字瀑在紫云、朱

黄山云海

砂两峰之间，分左右两路走壁下泻，因其形似"人"字故名。此外，有 2 湖、16 泉、24 溪等胜景。山上盛夏平均气温仅 18℃ 左右，山下温泉水温 42℃ 左右，宜避暑、疗养。黄山植物覆盖率达 56%，种类多达 452 种，是华东植物荟萃之地，尤以产黄山松和名茶"黄山毛峰"、名药"灵芝草"驰名中外。鸟类有 170 种，兽类 48 种，主要珍禽异兽有白颈长尾雉（山鸡）、猕猴（黄猴）、短尾猴（青猴）、梅花鹿、野山羊、麋鹿（四不像）、豹、棕噪鹛（八音鸟）、白鹇鸟、相思鸟等。

祁连山

中国甘肃省西南部和青海省东北部的巨大山系。古匈奴语，意为天山。因在河西走廊之南，又称南山。位于北纬 36°～40°，东经 94°～103°，北西西—南东东走向，长 900～1000 千米，宽 250～300 千米，面积 20.6 万平方千米。东起乌鞘岭，西止当金山口，南邻柴达木盆地、茶卡－共和盆地和黄河谷地。

地质与地貌

祁连山原为古生代的大地槽，后经加里东运动和华力西运动，形成褶皱带。白垩纪以来祁连山主要处于断块升降运动中，最后形成一系列平行地垒（或山岭）和地堑（谷地、盆地）。整个山系西北高、东南低，绝大部分海拔3500～5000米，最高峰为疏勒南山海拔5808米的岗则吾结（团结峰）。山系南北两翼极不对称，北坡相对高度3000米，南麓相对高度500～1000米。

山系低、山区风化侵蚀剥蚀作用盛行，中山区以流水侵蚀为主，高山为寒冻风化作用所控制。祁连山区存在三级夷平面：第一级，东段海拔4400～4600米，西段4800～5000

米；第二级，东段 4000 ～ 4200 米，西段 4500 ～ 4700 米；第三级，东段 3600 ～ 3800 米，西段 4000 ～ 4200 米。河谷中发育多级阶地。

古冰川冰碛地貌广泛分布于北坡 2700 ～ 2800 米以上地区。现代冰川下限，北坡为 4100 ～ 4300 米，南坡 4300 ～ 4500 米。祁连山共有冰川 3066 条，总面积 2062.72 平方千米。储水量 1320 亿立方米。近 100 年来，冰川处于退缩阶段。

气候与水文

祁连山地具典型大陆性气候特征。一般山前低山属荒漠气候，年平均气温 6℃ 左右，平均年降水量约 150 毫米。中山下部属半干旱草原气候，年平均气温 2 ～ 5℃，年降水量 250 ～ 300 毫米。中山上部为半湿润森林草原气候，年平均气温 0 ～ 1℃，年降水量 400 ～ 500 毫米。亚高山和高山属寒冷湿润气候，年平均气温 5℃ 左右，平均年降水量约 800 毫米。山地东部气候较湿润，西部较干燥。

祁连山水系呈辐射 – 格状分布。辐射中心位于北纬 38°20′，东经 99° 附近的"五河之源"，即黑河、托来河（北大河）、疏勒河、大通河和布哈河源头。由此沿冷龙岭至毛毛山一线，再沿大通山、日月山至青海南山东段一线为内外流域分界线，此线东南侧有黄河支流庄浪河、大通河、湟水，属外流水系；西北侧的石羊河、黑河、托来河、疏勒河、党河、哈尔腾河、鱼卡河、塔塔棱河等属内陆水系。上述各河多发源于高山冰川，冰雪融水补给为主。河流流量年际变化较小。

植被与土壤

植被垂直带结构，山地东西部南北坡不尽相同。东段北坡植被垂直带谱（自下而上）为荒漠带（只有草原化荒漠亚带）—山地草原带—山地森林草原带—高山灌丛草甸带—高山亚冰雪稀疏植被带；南坡植被垂直带谱为草原带—山地森林草原带—高山灌丛草甸带—高山亚冰雪稀疏植被带；西段北坡植被垂直带谱为荒漠带—山地草原带—高山草原带—高山亚冰雪稀疏植被带；南坡植被垂直带谱为荒漠带—高山草原带（限荒漠草原亚带）—高山亚冰雪稀疏植被带。

土壤与植被相对应，东段北坡为灰钙土带—山地栗钙土带—山地黑土（阳坡）和山地森林灰褐土（阴坡）带—高山草甸土（阳坡）和高山灌丛草甸土（阴坡）带—高山寒漠土带；南坡为灰钙土带—山地栗钙土（阳坡）和山地森林灰褐土（阴坡）带—高山草甸土（阳坡）和高山灌丛草甸土（阴坡）带—高山寒漠土带；西段北坡为棕荒漠土带—山地灰钙土带—山地栗钙土带—高山寒漠土带；南坡为灰棕荒漠土带—高山棕钙土带—高山寒漠土带。

经济概况

祁连山区农业主要限于东部的湟水和大通河中下游谷地及北坡的山麓地带，一年一熟。草场辽阔，宜于发展畜牧业，并有大片水源涵养林。有多种药用和其他经济植物，还有不少珍贵动物，如甘肃马鹿、蓝马鸡、血雉、林麝等。

北祁连山有菱铁－镜铁矿、赤铁－磁铁矿，祁连山东段有黄铁矿型铜矿，肃北和酒泉南山一带有黑钨矿石英脉和钨钼矿，是中国西部钨矿蕴藏丰富的地区之一。

武夷山

中国东南沿海重要山脉。东南沿海地区重要的自然地理界线。为东南沿海丘陵与江南丘陵的分界线，也是福建闽江水系、汀江水系与江西鄱阳湖水系的天然分水岭。位于闽、赣两省之间。山脉呈北东走向，长约540千米，北与仙霞岭相接。南与九连山相连。地势北高、南低，北段地势均在海拔1000米以上。福建省武夷山市、光泽县和江西省铅山县交界处地势最高，平均海拔在1200米以上。位于武夷山市境的黄岗山海拔2160.8米，是武夷山脉最高峰。南段海拔多在1000米以下，到武平、会昌一带，海拔仅600～700米。宽度自十几千米至几十千米不等，也是北宽南窄，在武夷山市和资溪一带宽达70～80千米，在瑞金、长汀一带宽仅15千米。组成武夷山脉的岩石是各类火山岩和花岗岩，两侧则有较多侏罗纪砂岩和白垩纪红色岩层。山区断裂构造发育，以

北北东向断裂为主，著名的邵武－河源深大断裂控制了武夷山脉的走向，并奠定武夷山脉的骨架。

武夷山脉的东西两坡呈明显的不对称。东坡舒缓，有层级地形发育；西坡陡峻，断崖显著。在武夷山脉中有许多与山脉走向相直交或斜交的垭口，古称关、隘、口，是重要的交通通道和军事要冲，如浦城与江山之间的枫岭关，武夷山市与铅山之间的分水关，光泽与资溪之间的铁牛关，建宁与广昌之间的甘家隘，武平与寻乌之间的树岩隘，长汀与瑞金之间的古城口等。

武夷山脉在一定程度上能阻挡北方冷空气的东侵，也在一定程度上削弱了东南季风的西侵。使山脉东西两侧的气候有较大的不同，从而导致自然景观的差异。

武夷山区植物资源丰富。地带性植被为常绿阔叶林，以壳斗科、樟科、木兰科和杜英科为主，还有大面积人工营造的杉木林、马尾松林和毛竹林，并有不少珍稀、古老树种，如银杏、钟萼木、鹅掌楸、天女花、黄山木兰、银种树、半枫荷、黄山花楸、竹节人参、涧边草、南方铁杉、罗汉松、红豆杉、福建柏、三尖杉、金钱松、凹叶厚朴和黄杨等。植被的垂直变化也较明显，以黄岗山为例：海拔 1100 米以下为常绿阔叶林，主要树种有甜槠、丝栲栗、南岭栲、钩栲、木荷、红楠、细柄蕈树、苦槠和木槠等。这一高程之下有马尾松林、杉木林、毛竹林及杉木、马尾松、毛竹混交林；

1100～1800米为针叶林，包括黄山松林、柳杉林和南方铁杉林；1800～1900米为亚高山矮曲林。主要树种有江南山柳、小叶黄杨、黄山松等；1900米直至山顶为山地草甸，由禾本科的野青茅、沼原草、芒、野古草等草本植物及幼龄黄山松、江南山柳、薄毛豆梨、波缘红果树、箭竹属等小灌木组成。野生动物资源亦丰富，属于国家保护的珍贵动物有华南虎、猕猴、灵猫、鬣羚、云豹、毛冠鹿、穿山甲、鸳鸯、黄腹角雉、白颈长尾雉等。昆虫尤为丰富，占全国32目昆虫中的31目，并发现有著名于世的金斑喙凤蝶。为保护动物植物资源，武夷山脉北段建有武夷山自然保护区。

武夷山脉东西山麓红层分布地区有丹霞地貌发育，碧水丹山，奇峰异洞，成为秀丽的风景区，其中以武夷山市南郊的武夷山风景区最负盛名，有"秀甲东南"之誉。武夷山区是第二次国内革命战争期间的革命根据地。主要革命纪念地有红都瑞金及闽北人民革命根据地崇安县大安街和赤石暴动遗址。

燕山

中国北部山脉之一。其范围有广义与狭义之分。广义的燕山指坝上高原以南，河北平原以北，白河谷地以东，山海关以西的山地，位于北纬 $39°40' \sim 42°10'$，东经 $115°45' \sim 119°50'$。狭义的燕山则指上述范围内窄岭、波罗诺、中关、大仗子一线以南的山地。

燕山山脉（广义）属内蒙古台背斜和燕山沉陷带。北部稳定上升，南部大量沉降。燕山沉陷带震旦纪地层极发育，沉积中心的蓟州区、遵化市一带厚度达万米以上。中生代末发生强烈构造运动，褶皱成山，故称此期造山运动为"燕山运动"。

燕山为侵蚀剥蚀中山，山体呈东西走向，海拔 $500 \sim 1500$ 米，北高南低，向南降到 500 米以下，成为低山丘陵。有云雾山、雾灵山、都山、军都山等，主峰雾灵山海拔 2116 米。山地中多盆地和谷地，如承德、平泉、滦平、兴隆、宽城等谷地，遵化、迁西等盆地，是燕山山脉中主要农耕地区。

燕山山脉处于暖温带大陆性季风气候区。年平均气温 6 ～ 10℃，1 月平均气温 -12 ～ -6℃，7 月平均气温 20 ～ 25℃。10℃以上持续期 195 ～ 205 天，活动积温 2600 ～ 3800℃。

燕山南麓是河北省多雨地带之一。平均年降水量 700 毫米左右，流水侵蚀作用强烈。山地中有滦河、潮白河、蓟运河等流经，河流多与山脉直交，切穿山地形成南北交通孔道，亦为重要关隘，如古北口、喜峰口等。最东端的山海关为沟通东北、华北的咽喉。

燕山地带性植被为落叶阔叶林（以栎类为主），并混生暖性针叶油松林，垂直带谱。海拔 700 米以下为落叶阔叶林，树种有蒙古栎、辽东栎、槲栎、栓皮栎、槲树等；700 ～ 1500 米为针阔叶混交林，树种有白杆、臭冷杉、白桦、风桦等；1500 ～ 2000 米为针叶林，树种有华北落叶松、青杆、白杆等，但以次生林为主。山沟及山前冲积台地上适于果树种植，为中国落叶果树重要分布区之一。盛产板栗、核桃、梨、山楂、葡萄、苹果、沙果、杏等干鲜果。其中，板栗、核桃、山楂驰名中外。

燕山中多名胜古迹。中南部有长城倚山而建。遵化市的清东陵是中国规模宏伟的帝王陵墓之一。承德市的避暑山庄是中国现存最宏伟的皇家园林。

高加索山

高加索，亚欧大陆黑海与里海之间的广阔地区。北起捷列克河及库班河，南至亚美尼亚、阿塞拜疆边境。面积约44万平方千米。大高加索山脉自西北向东南横贯中部，北侧常称"北高加索"或"前高加索"，属俄罗斯；南侧则称"南高加索"或"外高加索"，包括格鲁吉亚、阿塞拜疆与亚美尼亚。境内以山地为主，山地与河谷平原和低地交互分布。

大高加索山脉山势陡峻，大部海拔 3000 ～ 4000 米，最高峰厄尔布鲁士山海拔 5642 米，成为亚、欧两洲分界线的一部分。在大高加索山脉以南，横亘着一条大体与其平行的小高加索山脉，长约 600 千米，海拔一般为 1500 ～ 2000 米，最高峰吉亚梅什山，海拔 3724 米，小高加索山以南至伊朗、土耳其边境，为亚美尼亚高原的东北部，一般海拔 2000 ～ 3000

米，最高峰阿拉加茨山，海拔 4090 米。在大、小高加索山脉之间，有科尔希达低地和库拉－阿拉克斯低地。前者长约 100 千米，海拔 150 米；后者长约 250 千米，海拔 200 米以下。在小高加索山脉与亚美尼亚高原间，有著名的高山湖泊塞凡湖（面积 1360 平方千米，湖面海拔 1905 米，深 86 米）。此外，在阿塞拜疆东南部塔雷什山与里海之间的连科兰低地部分地区甚至低于海平面。大高加索山脉的垂直地带分异明显。自下而上分别为：草原及草甸黑土带、阔叶林－山地棕壤带、针叶林－灰化土带、亚高山及高山草甸带、高山苔原及高山冰雪带。

地质构造复杂，大、小高加索山脉是阿尔卑斯地壳运动形成的褶皱山系，新构造运动强烈，多火山、地震。自然资源丰富。如大高加索山北坡地区的石油、天然气，大、小高加索山的煤、铁、锰、铜、铅、锌、钼、银、汞、明矾石，以及森林和水力资源等。矿泉水和温泉资源分布较广。

地处温带和亚热带过渡区域，北高加索属温带大陆性气候。1 月平均气温 4～6℃，7 月 23～25℃，年降水量 200～600 毫米。受大高加索山脉的屏障作用，黑海沿岸（含科尔希达低地）属亚热带湿润气候，1 月平均气温 4～6℃，年降水量 1200～1800 毫米，部分迎风坡可达 2500～4000 毫米。茶叶、柑橘类（柠檬、橘、橙）、油桐、无花果等亚热带作物种植较广。里海沿岸的库拉－阿拉克斯及连科兰低地为亚热带干旱气候。

高加索地区共有 50 多个民族，其中人口超过百万的有俄罗斯族、阿塞拜疆族、格鲁吉亚人和亚美尼亚人。总人口约 3000 万。由于种族和宗教等原因，民族矛盾十分突出。经济基础尚好。主要工业部门为：石油、天然气开采、加工与石油化工，矿冶（铜、铅、锌、铝、汞等有色金属采选冶、钢铁），机械制造（矿山机械、农业机械、食品机械等），食品工业（酿酒、榨油、卷烟、制糖、罐头等）。电力、轻工、建材工业也较重要。交通以铁路为主，海运、管道及航空运输较发达。主要城市有：第比利斯、巴库、埃里温、克拉斯诺达尔、斯塔夫罗波尔及格罗兹尼等。

兴都库什山

亚洲中部的大山脉。名称来自波斯语，意为"印度山脉"，因古波斯人将其以东的广大地区统名"印度"，也以此

命名此山。

公元前4世纪马其顿亚历山大大帝东侵时，称之为印度高加索山脉。中国早在南北朝时期的典籍已有记叙，称之为大雪山。它东起帕米尔高原，西迄伊朗边境。大体取东东北—西西南走向，绵延约1600千米，宽50～350千米，平均海拔4000～5000米。实际上是一个庞大的山脉综合体，由主脉和许多南北支脉共同组成。

主脉自东而西，包括兴都库什山脉、帕格曼山脉、巴巴山脉和帕罗帕米苏斯等山脉。除最东段沿阿富汗和巴基斯坦边境延伸外，绝大部分横亘于阿富汗中部，因而有"阿富汗的脊梁"之称。

可再分为3段：①东段，也就是最高峻的一段。平均海拔5500～6500米，基本位于帕米尔高原南侧，东端靠近中国和巴基斯坦边境。沿巴基斯坦和阿富汗边境延伸，高峰

多集于其中，海拔 7000 米以上的高峰有 20 余座。位于巴基斯坦境内的蒂里奇米尔峰海拔 7690 米，为整个山脉的主峰。②中段，几乎全部在阿富汗境内，横过喀布尔北侧，海拔 6000 多米的山峰有数座，山体扭曲多变。③西段，延伸于阿富汗西部，逐渐呈扇状展开，至赫拉特靠近伊朗边境处逐渐降为丘陵。总体山势十分险峻，多悬崖陡壁，层峦叠嶂，自古难以逾越，加之有 5～7 个月或更长时间积雪封山，行者每每视为畏途。但由于西亚、中亚和南亚三大地区恰恰交错、衔接于此，而且毕竟存在着若干天然的山口、隧道，所以各方人等从事贸易或进行文化交流而翻越和古今甲兵铁骑进行征战而驰突其间的事迹，仍史不绝书。山区有强烈地震，易发生泥石流。矿藏主要有金、铜、铅、石油等。大部地区属亚热带干燥气候，高原区气候恶劣，寒冬可长达 10 个月之久。雪线高 4500～5000 米。东兴都库什山脉有荒漠高原，许多大冰川下伸至 3300～3600 米。西兴都库什山脉北坡为草原和森林草原植被，南坡为半荒漠植被，东南坡 3300 米以下分布着森林。中、低坡地有牧场，农业区主要限于河谷内。阿富汗的环行公路从东西两端翻越，包括穿过著名的萨朗山口（海拔 3660 米）及其下 2600 米长的隧道。

第二章

西方世界的风景线

喀尔巴阡山

欧洲中南部山脉，为阿尔卑斯山脉的东伸部分。

西起斯洛伐克首都布拉迪斯拉发附近的多瑙河谷，向东北绵延至波兰南部，称西喀尔巴阡山脉；绕经乌克兰西南部，进入罗马尼亚境内，向东南延伸至布拉索夫，称东喀尔巴阡山脉；再折向西南，止于奥尔绍瓦和塞尔维亚克拉多沃之间的多瑙河铁门峡，称南喀尔巴阡山脉。

整个山脉走向构成一向西开口的半环形，环抱特兰西瓦尼亚高原。全长1450千米。一般由3列平行延伸的构造地貌带组成：外带呈山势浑圆、山坡平缓的中山地貌；中带地势较高，多为断块山地；内带是由第三纪火山岩构成的山地。在西喀尔巴阡山，上述 3 列构造地形带表现最为明显，其中地处中带的格尔拉赫峰海拔 2655 米，为整个喀尔巴阡山脉的最高峰。各地蕴藏石油、天然气、褐煤、岩盐和铁、铜、铝、锌等矿。维斯瓦河和多瑙河的众多支流如蒂萨河、锡雷特河、普鲁特河等均源出喀尔巴阡山脉。山区气候属西欧海洋性与东欧大陆性之间的过渡型。1 月平均气温 -5 ～ -2℃，7 月平均气温 17 ～ 20℃；年降水量 800 ～ 1000 毫米，迎风山坡可达 1200 毫米以上。山地遍布森林，主要树种有山毛榉、栎、松、云杉、冷杉等，森林带上限 1500 ～ 1800 米不等。常见的动物有熊、狼、猞猁等。山区主要经济活动是农业、林业和旅游业。

乌拉尔山

亚洲和欧洲分界线。位于俄罗斯东欧平原和西西伯利亚平原之间。

　　北起北冰洋喀拉海的拜达拉茨湾，南至奥尔斯克附近，大致呈南北走向，延伸2000多千米。宽40～150千米。它是伯朝拉河、伏尔加河、乌拉尔河同鄂毕河流域分水岭。山峰多呈浑圆或穹状。沉积岩、变质岩及火成岩均有分布。西坡较缓，东坡较陡。海拔一般在500～1200米。最高点纳罗达峰海拔1895米。自北向南可分为极地、亚极地、北、中、南五段。北部山势较高，由一系列近于南北向的平行岭谷组成。中乌拉尔山地势低平，最低处海拔仅350米，构成亚欧两洲间的重要通道。南部山体宽达150千米，由许多东北—西南和南北向古老变质岩组成的山脉，切割较强。除北部属寒带外，大部地区为温带大陆性气候。北部地区河流注入北冰洋，中、南部地区多注入里海。森林资源丰富，分布上限从北部的300米到南部的1200米。西部以云杉和冷杉为主，东部松、落叶松、桦分布较广。南乌拉尔属森林草原和草原带。矿藏以铁、铜、锌、铝土矿、镍、钒钛、铬、金、石棉、钾盐等为主。

比利牛斯山

欧洲西南部山脉，西班牙与法国的界山。

为阿尔卑斯山脉主干向西南延伸部分，东起地中海海岸，西止大西洋比斯开湾畔，全长 435 千米，一般宽 80 ～ 140 千米，东段宽仅 10 千米，中部宽达 160 千米。海拔一般在 2000 米以上。构造上属阿尔卑斯褶皱带的一部分，按其自然特征可分为 3 段：西段大部分由石灰岩构成，平均海拔低于 1800 米，降水丰沛，河流侵蚀切割形成山口，成为法国和西班牙之间的通道。中段群峰耸立，海拔在 3000 米以上的山峰有 5 座，最高点阿内托峰海拔 3404 米，终年积雪。第四纪冰期时冰川广泛发育，遗留大量的冰斗冰湖和悬谷。东段为块状山地，有海拔较高的山间盆地，离地中海岸约 48 千米处有海拔仅 300 米的山口，为南北交通要道。比利牛斯山脉是加龙河、阿杜尔河、埃布罗河的发源地，前两条河流注入大西洋，后者注入地中海。山区多森林，并蕴藏铁、锰、铝土、褐煤、硫黄等矿产。西部谷地栽种玉米、谷物和水果。东部谷地广种橄榄和葡萄。中部山间谷地为季节性牧场。多温泉，是旅游胜地和冬季体育活动中心。山脉东西两端沿海岸建有铁路和公路，沟通南北交通。另有 2 条铁路隧道和 6 条山道穿越山脉。安道尔公国即坐落在此深山群峰之中。

亚平宁山

南欧意大利亚平宁半岛主干山脉，为阿尔卑斯山脉的南伸部分。

西北从利古里亚海滨萨沃纳附近的卡迪波纳山口起，呈弧形向东南延伸，穿过亚平宁半岛，至西西里岛以西的埃加迪群岛，全长 1400 千米，宽 40～200 千米。地质上为年轻的褶皱山系。由卢卡尼安、托斯坎、翁布里安和卡拉勃利安等 8 列山系构成。东坡平缓、西坡较陡。大体可分为北、中、

亚平宁山脉风光

南3段：北段又称利古里亚、托斯卡纳－艾米利亚亚平宁山，主要由砂岩和泥灰岩组成，森林茂密；中段称翁布里－马尔凯亚平宁和阿布鲁佐山，主要由石灰岩和白云岩组成，地势崎岖，最高点科尔诺峰海拔2912米；南段称那波利及卢卡亚平宁山，由花岗岩、片麻岩与云母片岩组成。山脉因阿尔卑斯运动抬升而成，至今每年仍以1毫米速度上升。中部和南部多火山和地震。那波利附近的维苏威火山（海拔1277米）和西西里岛东北部的埃特纳火山（海拔3323米）最为著名。地中海型气候，冬季多雨，夏季干热。西坡年降水量1000～2000毫米（利古里亚亚平宁山迎风坡可达3000毫米），东坡山间盆地为 600 ～ 800 毫米。北部海拔 300 ～ 500 米、南部海拔 900 米。600 ～ 800 米河谷地区分布有果园、油橄榄林和葡萄园，天然植被为地中海夏旱灌木群落和森林。北部海拔 900 米、南部海拔 1000 ～ 1200 米以下是以栎、松、栗等为主的混交林。高山为冷杉和松等枝叶林、亚高山和高山草甸。矿产有汞、铁、铜、褐煤、硫黄和大理石等。山区与外界联系方便，有 10 条铁路和多条公路通过。

维苏威火山

欧洲活火山。位于意大利那不勒斯市东南的那波利湾畔。

海拔 1277 米，每次喷发高度都有变化。起源于地质史上的更新世后期，迄今仅约 20 万年，为较年轻的火山。原系海湾中小岛，后经一系列火山喷发，堆积的喷发物才将其与陆地连成一体。基座周长约 50 千米，上有两个峰顶，其中较高者即维苏威火山锥。火山口是内壁直立的大圆洞，火口深

维苏威火山口

约 305 米，直径 610 米，于 1944 年喷发后形成。火山活动可分为喷发期与静止期，前者一般持续 0.5 ～ 30.75 年，后者为 1.5 ～ 7.5 年。公元 79 年的大喷发，附近的庞贝和斯塔比亚两城全部被火山灰和火山砾湮没，赫库兰尼姆城也被泥流埋没。直到 18 世纪中叶，庞贝城才从火山灰砾中被发掘出来重见天日。此后，除 1037 ～ 1630 年长达几个世纪的停息外，一直处于喷发期和静止期的交替之中。1631 年 12 月 16 日的大喷发，5 座城镇被毁，约 3000 人死亡。1660 ～ 1944 年间共经历 20 次大喷发。1964 年 5 月 11 日的喷发表明火山进入了新的喷发期。在火山灰上发育的土壤肥沃，多种植葡萄及其他水果等经济作物。意大利南部自然风景区之一。从那不勒斯到维苏威火山有电气火车，山下有缆车直达山顶火山口，旅游业颇兴旺。

第三章

非洲的最高点

乞力马扎罗山

非洲第一高山。

在坦桑尼亚东北部，靠近肯尼亚边境，为一东西延伸约80千米的休眠火山群。在东非大裂谷以东约160千米，其形成与大裂谷断裂活动有关。由基博、马文济和希拉3座主要火山组成。基博峰海拔5895米，为非洲最高峰，火山口在顶峰南侧，直径2000米，深约300米，内有一个由火山灰形成的内锥。马文济峰海拔5149米，是较老峰顶的中心部分，侵蚀强烈，崎岖陡峭，东西坡被峡谷切成"V"形；两峰间以11千米长的鞍状山脊相连。希拉峰海拔3778米，是老火山口残余部分，呈山脊状。附近多次生火山锥。大约 5000 米以上，覆盖永久冰雪，形成赤道雪山奇观。

基博峰的冰盖在火山口内呈孤立的山块，有一条冰川冲破西部边缘而下。冰川在西南坡下伸到 4300 米左右，在北侧仅略低于峰顶。山地植被垂直分布，海拔 1000 米以下为赤道雨林带，1000 ～ 2000 米为亚热带常绿阔叶林带，2000 ～ 3000 米为温带森林带，3000 ～ 4000 米为高山草甸带，4000 ～ 5200 米为高山寒漠带，5200 米以上为积雪冰川带。在 1000 ～ 2000 米的山麓南坡，有谷物、咖啡、香蕉种植园。为保护动物资源和发展旅游业，坦桑尼亚政府于 1973 年将整个山区辟为乞力马扎罗国家公园，1987 年作为自然遗产被列入《世界遗产名录》。

肯尼亚山

东非高原上的死火山。

在肯尼亚中部，北靠赤道。属上新世死火山。山体由粗

肯尼亚山

面玄武岩构成。火山口经强烈侵蚀、切割，形成若干高耸的山峰，其中基里尼亚加峰（又称巴蒂安峰）海拔5199米，为仅次于乞力马扎罗山基博峰的非洲第二高峰。主要山峰还有涅利昂峰（海拔5188米）和莱纳纳峰（海拔4985米）等。山体四周被7条较大的溪谷切割，形成放射状的山脊，并在3900米附近处形成几个湖泊，溪流多注入塔纳河。山顶终年积雪，有10余条小冰川延伸到4300米处。东侧雨量丰沛，北侧干燥。山麓西、北侧为草原，东、南侧为低树和高草植被。海拔1500～3000米为茂密的森林带，往上多竹林。海拔2000米以下的肥沃土地多垦为咖啡、剑麻等种植园，西北部则多种植小麦和放牧牲畜。森林带以上被辟为肯尼亚山国家公园，面积588平方千米，内有许多野牛、象等大型野生动物。西北部山脚下的纳纽基是主要登山基地。

喀麦隆火山

非洲活火山，旅游胜地。

位于喀麦隆西南几内亚湾沿岸，东距杜阿拉 60 千米。火山基底呈东北—西南向的椭圆形，长、短轴分别为 50 千米和 35 千米。主峰法科峰海拔 4070 米，为西非第一高峰。5 ~ 19 世纪曾多次喷发，有记录的在 9 次以上。20 世纪以来先后数次喷发（1909、1922、1955、1982、1999、2000）。1999 年的喷发从 3 月 28 日延续到 6 月 10 日，喷发口位于西南方海拔 1400 米处，除喷出大量气体和火山灰外，还形成多股巨大熔岩流，有的距林贝—伊代瑙公路 80 米，有的离几内亚湾岸边 200 米，有的直抵几内亚湾之中，最宽处 6 ~ 7 千米。伊代瑙镇和巴金吉利及巴托克两个村庄所受威胁最大；有 1000 多人被迫疏散，部分房屋被毁。2000 年的喷发从 5 月 31 日延续到 6 月 9 日，同时伴随地震，火山熔岩流长达 4800 千米。

　　地处低纬，属典型热带雨林气候，面向大西洋的迎风坡为世界最多雨的地区之一，年降水量10000毫米以上；山顶时有降雪。受地形影响，具有独特的热带山地景观，其垂直地带性完整：海拔1000米以下为典型热带雨林，往上依次为山地森林带、杜鹃矮林带、亚高山草地带和苔藓地衣带，顶端多为平顶火山锥；法科峰顶方圆仅几十平方米，几乎全被黑色火山灰覆盖。山麓人口稠密，开发程度高，多香蕉、橡胶、油棕、茶叶等种植园。山谷多牧场。向来是喀麦隆的旅游热点，主要登山旅游路线在东南坡，海拔3000米左右有宿营地小木屋。山麓的布埃亚是西南省首府、登山旅游的大本营，与最大港市杜阿拉之间有良好的公路交通。山南面沿海有维多利亚港。

喀麦隆火山地貌

53

第四章

北美洲的气候分界线

落基山

北美洲科迪勒拉山系东部山脉的主体。纵贯加拿大和美国西部，北连阿拉斯加的布鲁克斯岭，南接墨西哥境内的东马德雷山脉。全长 4800 千米。海拔一般为 2000～3000 米，最高峰埃尔伯特山海拔 4399 米。

白垩纪末至第三纪褶皱成山，并伴有广泛的断层和火山活动。根据构造和地形的差异，落基山脉大致可分为北、中、南三段。北段指美国黄石国家公园以北主要在加拿大境内的落基山，西部出露前寒武纪和古生代岩层，以高大的块状山体为主；东部在长列褶皱和冲断层构造基础上，以北北西—

南南东走向的条状山脉和断层谷地相互间隔为特征；其间为落基山地沟，南北延伸1290千米。中段指黄石国家公园至怀俄明盆地的落基山，宽度较大，西部褶皱与冲断层构造发育，条状山脉与谷地相间；东部以单一背斜隆起为主，山体断续延伸，走向不一，其间隔以宽广的向斜盆地。南段指怀俄明盆地以南的落基山，由2组南北向的平行褶皱山脉组成，出露前寒武纪结晶岩，有埃尔伯特山等48座海拔在4200米以上的高峰，为整个落基山脉最高耸的部分。第四纪冰期时，落基山区经受了强烈的冰川作用，冰川南侵至北纬47°，角峰、冰斗、V形谷等冰川侵蚀地貌分布很广，地处高纬的北落基山海拔较高的峰峦还有现代冰川。植被垂直分带明显，垂直带图谱受制于山脉高度、所处纬度和坡向。如森林带的上界自南向北逐渐降低；下界则湿润的西坡较低于干旱的东坡；雪线的高度在北部为2500米，南部为4000米。黄松、道格拉斯黄杉、落叶松、云杉等针叶树种分布较广。动物有灰熊、棕熊、落基山羊、巨角岩羊等。

落基山脉是北美大陆重要的气候分界线，对极地太平洋气团东侵和极地加拿大气团或热带墨西哥湾气团西行起屏障作用，导致大陆东、西部降水的巨大差异，并对气温分布产生一定影响。西部以冬雨为主，除北纬40°以北的沿海和迎风坡降水较多外，平均年降水量皆在500毫米以下，冬季气温则高于同纬度东部各地；东部以夏雨为主，除北部高纬地区和紧靠山地的部分大平原地区降水较少外，平均年降水量都在500毫米以上。落基山脉也是北美大陆最重要的分水岭，除圣劳伦斯河外，北美洲几乎所有大河都发源于此。山脉以西的河流属太平洋水系，山脉以东的河流分别属北冰洋水系和大西洋水系。

落基山区矿产资源丰富，为北美洲著名有色金属和贵金属矿区，蕴藏铜、铅、锌、钼、银、金等，主要采矿中心有加拿大不列颠哥伦比亚省的金伯利、美国爱达荷州的科达伦、蒙大拿州的比尤特，以及科罗拉多州的莱德维尔、克里普尔克里克、克莱马克斯。非金属矿以煤、磷酸盐、钾盐、油页岩等为主。多样的自然景观和丰富的生物资源受政府控制和监管，伐木业活动仅限于加拿大不列颠哥伦比亚省、美国蒙大拿州和爱达荷州局部地区。加、美两国政府已在落基山区开辟多处国家公园、国有森林和野生动物保护区，如美国境内的落基山、黄石、大蒂顿、冰川等国家公园，加拿大境内的班夫、贾斯珀、约霍、库特内等国家公园，以及地跨加、美两国边境的沃特敦冰川国际和平公园，其中不少被列入《世界遗产名录》，每年接待游客数以百万计。

喀斯喀特山

北美洲科迪勒拉山系西部山脉之一。

属太平洋岸边缘山脉内带。北接加拿大海岸山脉，南连内华达山脉。从美国加利福尼亚州北部向北延伸，经俄勒冈州和华盛顿州，至加拿大不列颠哥伦比亚省南部，全长1130千米。侏罗纪末至白垩纪初褶皱成山，并伴随强烈火成侵入和断层作用；新生代以来，火山活动频繁，至今未息。海拔一般为1500～2600米。不少海拔3000米以上的高峰多为火山，如最高峰雷尼尔山海拔4392米，还有沙斯塔山、胡德山、杰斐逊山、亚当斯山、贝克山等。活火山圣海伦斯山、拉森山等仍在活动，前者1980年3月的喷发是美国历史上最大的火山喷发之一。哥伦比亚河自东向西流经山岭。多湖泊山溪。山岭北段的峰顶发育现代冰川。面迎太平洋湿润气流的西坡降水丰富，森林茂密，有北美云杉（别称锡特卡云杉）、异叶铁杉、金钟柏、道格拉斯黄杉等；背风的东坡降水锐减，山地植被转为灌木和草原。在华盛顿州西雅图以东，美国最长的铁路隧道——喀斯喀特隧道在此穿过山岭，长12.9千米。山区辟有雷尼尔山国家公园、火口湖国家公园、北喀斯喀特国家公园，以及国家森林地、休养地、纪念地等。

圣海伦斯火山

美国西北部火山。

位于美国华盛顿州西南部，喀斯喀特山脉中北段。海拔2550米。1857年起处于休眠状态，1980年3月27日火山突然复活，间歇出现喷发活动。5月18日清晨，一次地震导致山北崩塌和滑坡，引发了美国历史上罕见的强烈火山爆发。烟云直冲1.9万米高空，火山灰随气流扩散至4000千米以外。附近河流被堵塞、改道，道路被湮没。熔岩流引起森林大火，周围几十千米内生物绝迹。山地冰雪大量融化，形成汹涌的急流，加之上升气流中大量水汽在高空凝结，暴雨成灾，冲刷下的火山灰形成泥浆洪流，毁坏沿途农田和一切设施。57 人在这次火山爆发中丧生。原火山锥顶部崩坍，出现一马蹄形凹陷，深 750 米。此后该火山仍处于活动中，有多次喷发。最后一次喷发是在 1991 年。火山海拔高度已降为 2549 米。1989 年建立圣海伦斯山国家火山保护区。

迪纳利山（麦金利山）

北美洲最高峰。

当地印第安人称迪纳利峰，意为"太阳之家"。位于美国阿拉斯加州中南部，阿拉斯加山脉中段。系第三纪末隆起的巨大穹隆状山体。有南、北两峰，南峰为主峰，海拔 6190 米；北峰海拔 5934.5 米。山峰上部 2/3 为冰雪覆盖，形成多条冰川。森林线在海拔 762 米，以杉、桦林为主。1917 年辟为麦金利山国家公园。1980 年改名为迪纳利国家公园和保护区，面积扩大至 24585 平方千米，居美国第二。

第五章

南美洲的世界名山

安第斯山脉

世界上最长的山脉。

属科迪勒拉山系的南半段，为褶皱山系。纵贯南美大陆西部，大体上与太平洋海岸平行，西部的太平洋沿岸平原甚窄；东部自北向南依次为奥里诺科平原、圭亚那高原、亚马孙平原、巴西高原和潘帕斯草原。全长约8900千米。一般宽约300千米，最宽处（南纬20°沿线）为800千米，由一系列平行山脉和横断山体组成，在多数地区可分为东科迪勒拉山和西科迪勒拉山两列山脉，间有高原和谷地。其北段支脉沿加勒比海岸伸入特立尼达岛，南段向南延伸至火地岛。跨委内瑞拉、哥伦比亚、厄瓜多尔、秘鲁、玻利维亚、智利、阿根廷等国。世界上高大的山系之一，海拔多在3000米以上，超过6000米的高峰有50多座，其中位于智利-阿根廷边境的阿空加瓜山海拔6960米，为西半球最高峰。

安第斯山脉形成于白垩纪末至第三纪阿尔卑斯运动，历经多次褶皱、抬升，以及断裂、岩浆侵入和火山活动，地壳活动持续至今，为环太平洋火山、地震带的一部分。整个山脉按构造和地形特征，分为北、中、南3段。①北段（南纬4°以北）：在厄瓜多尔、哥伦比亚和委内瑞拉境内，山脉成条状分支，中间形成幽深的谷地。在厄瓜多尔境内，山间分布着链状的火山峰，是安第斯山的第一火山带；在哥伦比亚和委内瑞拉境内，分为3条支脉，即东、中、西科迪勒拉山。东科迪勒拉山向东北延伸，并再分为两支，一支沿哥、委边境走向，为佩里哈山脉；另一支向东北延伸至大陆北海岸，称为梅里达山脉。中科迪勒拉山脉地势较高，但延伸不长。西科迪勒拉山以较低的山势穿越中美洲，形成"中美洲陆桥"。各山脉多代表背斜构造，由于受侵蚀，轴部出露花岗岩、片麻岩等古结晶岩，两翼则残留着白垩纪、第三纪砂岩和石灰岩。②中段（南纬4°～27°）：宽度和高度显著加大，在东、西科迪勒拉山脉之间形成广阔的山原，山体最宽达800千米，平均海拔3500～3900米。在南纬16°～28°，火山密集，其中海拔5700米以上的火山锥就有18座，构成安第斯山的第二火山带。地质构造为太古宙、古生代和中生代海相沉积及火山岩，表层覆盖第四纪及近代的碎屑物质。③南段（南纬27°以南）：高度和宽度逐渐减缩，东、西科迪勒拉山逐渐收拢。山体高度由北向南递减，从5000米减至1500米。南纬33°～43°为安第斯山的第三火山带，火山多达30余座。其中不乏著名火山，海拔6960米的阿空加瓜山是世界最高死火山，也是南美第一高峰；海拔6800米的图蓬加托火山为世界最高活火山。其岩石构成主要是侏罗纪和白垩纪沉积的石灰岩、页岩和砂岩，广覆新生代火山岩。越往南，山体越显示出分割破碎的形态。冰川发达，多冰川湖。

安第斯山脉是南美洲许多河流的发源地和分水岭，西侧河短流急，注入太平洋；东侧属大西洋水系，河流绵长，有世界上流域面积最广的亚马孙河。气候和生物类型复杂多样，垂直分带明显。山猫、白尾鼠、南美驼和南美秃鹰等生活在不同海拔的地区。按纬度划分：北段低纬地区垂直带谱完整，低处为热带湿润气候，生长着大量热带常绿林。由此向上，气候和植被类型依次更替，直至高山冰雪带。中段主要反映干旱特征，东、西坡之间差异明显。西坡为荒漠和半荒漠，降水不足250毫米；东坡则高温多雨，有大面积常绿林，可分布到3500米高度。南段地处中、高纬度，气候温凉湿润，温差不大，雪线较低。东坡以山地灌木、荒漠和半荒漠为主，西坡在南纬30°～37°处为亚热带硬叶林，37°以南分布有大

安第斯断层

量杉、柏、落叶松。

　　安第斯山区矿产丰富，农业发展较好。主要矿藏有铜、铁、锡、金、银、铂、铋、钒、煤、石油、硝石、硫黄等。其中最重要的是铜矿，矿区从秘鲁南部至智利中部，为世界

67

最大的斑岩型铜矿床。石油主要分布在安第斯山北段的山间构造谷地或盆地中以及南段的东麓。北段低坡地带是咖啡、可可、香蕉、金鸡纳、烟草、棉花、稻米等的重要产区；中段高原地带以种植玉米和马铃薯等作物为主。

　　安第斯山区是南美洲开发最早的地区，中段山区是印第安印加文明地区，保留着古代印加帝国的许多文化遗迹。北段和中段山区海拔 1500 ～ 3500 米的地区是人口密集区，居民主要为印欧混血人种，其次为克丘亚族和艾马拉族印第安人。泛美公路沿纵谷和海岸沟通安第斯山区各国。山中多垭口，有横贯大陆的铁路通过。

萨哈马峰

玻利维亚最高峰。

　　位于西科迪勒拉山脉，邻近智利边界。地理坐标为南纬 18°06′，西经 68°54′。海拔 6542 米。最近喷发时间未知，暂时被认为是一个已经熄灭的火山锥。位于奥鲁罗省。山麓及其附近地区被一种称作克纽阿的林木所覆盖，经济价值极高。20世纪初因广泛采伐用于冶炼业和铁路建设，林木遭到严重破坏。

为保护克纽阿林，政府在这里建立了玻利维亚第一个国家公园——萨哈马国家公园。公园面积10万公顷，包括奥鲁罗省萨哈马州的萨哈马、拉古纳、科萨帕、卡佩、库拉瓦拉5个县的广阔地域，是最重要的森林保护区之一。区内生活着金蜂鸟、美洲鸵鸟、犰狳、小羊驼、火烈鸟、银鸥、小水鸡、安第斯反嘴鹬等许多珍奇动物。风景秀丽，还有天然温泉、盐湖等，是旅游胜地。

阿空加瓜山

南美洲第一高峰。

地处安第斯山脉阿根廷门多萨省西北端，临近智利边界。

阿空加瓜山胜景

海拔 6960 米。由第三纪沉积岩层褶皱抬升而成，同时伴随着岩浆侵入和火山作用。峰顶较为平坦，堆积火山岩层。东、南侧雪线高 4500 米，冰雪厚达 90 米左右，发育多条现代冰川，其中菲茨杰拉德冰川长达 11.2 千米，终止于奥尔科内斯河，融水泻入门多萨河。山顶西侧因降水较少，没有终年积雪。山麓多温泉，附近著名的自然奇观印加桥为疗养和旅游胜地。起自阿根廷首都布宜诺斯艾利斯的铁路，穿越附近的乌斯帕亚塔山口，抵达智利首都圣地亚哥。1897 年登山家首次成功登顶。

科托帕希火山

厄瓜多尔境内火山。

世界上最高、最活跃的火山之一。位于南美洲安第斯山脉北段东科迪勒拉山脉，在拉塔昆加东北 35 千米和基多东南 40 千米处。海拔 5897 米。山口呈椭圆形，直径 600～800

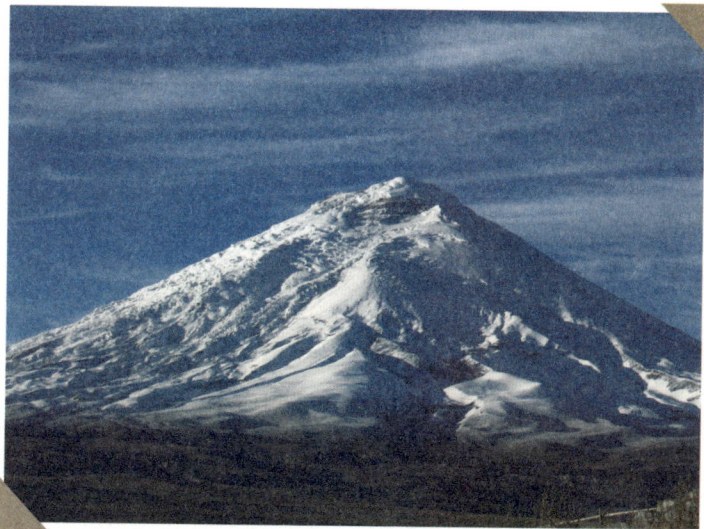

科托帕希火山

71

米，深 200 米。山体呈圆锥形，坡度约 30°，基座直径 15 千米。形成于更新世中期，距今 100 万～20 万年。2400 年前常年积雪线在 4000 米高度，后因气候变暖退至 4900 米。经常被云雾遮盖。500 年来，喷发频繁。炽热熔岩使冰层融化，形成泥石流，多次淹没奇略斯和拉塔昆加等附近的河谷。1533～1904 年间大喷发 14 次。1877 年火山曾喷发 4 次，其中 6 月 26 日的喷发规模巨大，炽热的岩浆四溢，最大的一股穿过埃斯梅拉达斯，流入太平洋。另一股向南吞噬了半个拉塔昆加山村。这次喷发夺去几百人的生命，破坏了大量基础设施和农田。最近一次大喷发在 1975 年。目前，火山仍常喷发出熔岩，厄瓜多尔地球物理研究所的科学家常年在火山地区进行考察和观测。1872 年 11 月 28 日，德国科学家和旅行家 W. 赖斯首次登顶成功。

下篇

文明的发祥
世界的大河与大河文化

你从雪山走来，
春潮是你的丰采；
你向东海奔去，
惊涛是你的气概，
你用甘甜的乳汁，
哺育各族儿女；
你用健美的臂膀，
挽起高山大海。

第一章

亚洲

中华文明的起源——黄河

中国第二大河，因河水黄浊而得名。古代称为"河"，《汉书》中始称黄河。发源于巴颜喀拉山北麓约古宗列盆地，流经青海、四川、甘肃、宁夏、内蒙古、陕西、山西、河南、山东9省区，在山东省垦利区注入渤海。全长5464千米，流域面积75.24万平方千米。

黄河流域位于北纬32°～42°，东经96°～119°，西起巴颜喀拉山，东临渤海，北界阴山，南至秦岭。西高东低，西部青海高原海拔3000～4000米，位于西南部的阿尼玛卿山（大积石山）主峰玛卿岗日，海拔6282米，是黄河流域的最高点。中部黄土高原、鄂尔多斯高原、河套平原，以及崤山、熊耳山、中条山、太行山脉等山地，海拔 1000～2000 米。东部为华北平原和鲁中丘陵，华北平原海拔大多在 100 米以下，鲁中丘陵海拔 400～1000 米。

干流概况

干流可分为 3 段：从河源到内蒙古自治区托克托县的河口镇为上游，河口镇至河南省桃花峪为中游，桃花峪以下为下游。

上 游

内蒙古自治区托克托县的河口镇以上是黄河的上游，流域面积 38.6 万平方千米，河段长 3472 千米，落差 3464 米（从约古宗列盆地下口计算），有白河、黑河、大夏河、洮河、湟水、祖厉河、清水河、大黑河等支流汇入。

黄河源头称玛曲。黄河出约古宗列盆地，向东穿过芒尕峡谷，进入有许多"海子"的沮濡滩地，名"星宿海"。在星宿海东部，玛曲分别从左、右岸接纳扎曲和卡日曲。扎曲较短，水量小，干旱年份河道干涸。卡日曲长 201.9 千米，所以亦有人认为卡日曲是黄河的正源。

黄河出星宿海后，穿过扎陵湖和鄂陵湖。过两湖至玛多县城附近的黄河沿，源地至此流程 270 千米，年水量增加到 5

亿立方米以上。

黄河嗣后穿行巴颜喀拉山和阿尼玛卿山间的古湖盆和丘陵宽谷，至四川省、青海省交界的松潘草地，东受岷山所阻，绕阿尼玛卿山作180°的大弯，折向西北，重新进入崇山峻岭之中，在青海东部穿过拉加峡、野狐峡、拉干峡等一系列峡谷，又作180°大弯，向东流入龙羊峡。从龙羊峡到青铜峡，黄河穿行在群山中，河道一束一放，峡谷与川地相间。此段河道长910多千米，落差1320米，水力资源蕴藏丰富，可开发水电装机容量占黄河干流的43％，有著名的刘家峡、盐锅峡、八盘峡、青铜峡和龙羊峡等。峡谷间较大的盆地有贵德盆地、兰州盆地、靖远盆地等。河出青铜峡，流经银川平原，流入内蒙古自治区河套

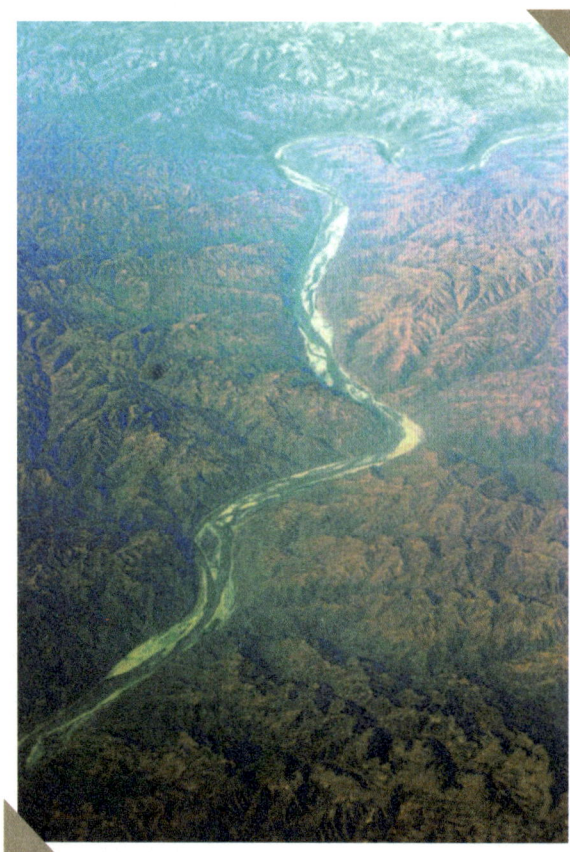

黄河鸟瞰

平原。

黄河上游段水多沙少，为黄河主要清水来源区。兰州以上流域面积仅占花园口站集水面积的30%，但多年平均径流量却占花园口站的57%。黄河在兰州以上大部流经高原，河水含沙量小，兰州站多年平均含沙量3.4千克/米^3，年输沙量为1.08亿吨；河口镇站分别为5.7千克/米^3，年输沙量1.42亿吨。

中　游

黄河中游从河口镇到河南省郑州附近的桃花峪，流程1200多千米，落差896米，流域面积34.38万平方千米。河流穿行于峡谷中，成为陕西、山西两省的天然分界线。除河曲、保德等河谷较开阔外，绝大部分河谷两岸崖壁陡立，高出水面数十米至百余米，河道一般宽200～400米，多急流险滩，有著名的壶口瀑布。壶口以下65千米为禹门口（又称龙门），龙门山和梁山左右环抱。出禹门口，河面开阔到3～15千米，有汾河、渭河、泾河、北洛河等支流汇入。黄河在甘、宁、内蒙古、陕、晋等省（区）形成马蹄形大弯，到潼关受秦岭阻挡，折向东流，进入豫西峡谷。过三门峡，河心有两座石岛，把河道隔成"人门""鬼门""神门"，古称"三门天险"。三门之下有一小岛挺立河中，即为著名的"中流砥柱"。三门峡水利枢纽工程即建于此。自孟津县小浪底以下进入低山丘

　　陵区，河道逐渐放宽至 1 ～ 3 千米，是由山地进入平原的过渡性河段。

　　黄河中游流经世界最大的黄土高原，水土流失严重，输沙模数大于 5000 吨/千米^2 的面积达 14.3 万平方千米，是黄河泥沙主要来源区。含沙量大的支流，如黄甫川、窟野河、无定河、三川河、延水、汾河、北洛河、泾河、渭河等均发源于此。河口镇至龙门、龙门至三门峡以及三门峡至桃花峪区间干支流，为黄河下游洪水的三大来源区，其中三门峡至桃花峪区间流域面积 4.2 万平方千米，有伊洛河和沁河等重要支流汇入，暴雨强度大，集流快，洪峰预见期短，对下游防洪威胁很大，但为黄河两大"清水"来源区之一。

下　游

桃花峪以下是黄河的下游，长 780 多千米，落差 95 米，流域面积 2.26 万平方千米。河道平坦，水流缓慢，泥沙大量淤积，黄河带到下游的泥沙平均约有 3/4 被送到入海口，约 1/4 淤积在河道内，使河床逐年抬高，成为世界著名的"悬河"（黄河河床一般高出大堤外地面 3 ～ 5 米，甚至高出 10 米）。黄河下游的主要支流有大汶河等。除山东的平阴、长清一带有山地屏障外，两岸全靠大堤约束。

黄河下游现存的唯一湖泊是位于山东省梁山、东平两县的东平湖。据《水经注》载，黄河下游约有 130 多个湖泊陂塘，因黄河决溢改道都淤成平陆。

黄河河口位于渤海湾与莱州湾之间，属弱潮、多沙、摆动频繁的陆相河口。黄河三角洲发育很快。近代三角洲以利津以下的宁海为顶点，大体包括北起徒骇河口，南至支脉沟口的扇形地带，面积 5400 多平方千米。20 世纪 50 年代以来，三角洲顶点从宁海下移到渔洼附近，小三角洲面积约 2200 多平方千米；1954 ～ 1982 年平均每年造陆 38 平方千米，海岸线年均向海推进近 0.47 千米。

气候与水文

黄河流域大部分属干旱、半干旱的大陆性季风气候。平均年降水量478毫米，北部雨量较少，年平均最少仅约150毫米；南部雨量较多，年平均最多800多毫米。6～10月降雨占全年的65%～80%，多暴雨且强度大，一次降雨甚至可达当地多年平均降雨量。

花园口站多年平均年径流量470亿立方米，计入工农业耗水量，年平均天然径流量560亿立方米，包括花园口以下天然来水量，黄河天然年径流量合计为570多亿立方米。按1956～1979年24年水文资料，黄河流域地表水资源总量为628亿立方米。水资源南部多、北部少。兰州以上地区、龙门至潼关区间、三门峡至花园口区间，流域面积仅为全河的60%，而天然径流量却占全河的87%。径流量年内分配，7～10月占60%左右。年际变化最大最小年径流量比值，兰州站为3.17，河口镇站为3.44，中游有些支流的比值高达5～12。

黄河的输沙量和含沙量均居世界各大江河首位，年平均输沙量16亿吨，年平均含沙量36.9千克/米³（以陕县站为代表），90%的泥沙来自黄河中游黄土高原。其中80%集中产生于输沙模数大于6000吨/千米²的11万平方千米的地区。年内、年际变化不均匀，85%左右的泥沙来自汛期几场暴雨，中游有些支流一次洪水的输沙量即可达全年的 1/3 以上，形成浓度很大的高含沙水流。黄甫川、无定河、窟野河等多沙支流更有含沙量 1000～1500 千克 / 米^3 的极值。黄土高原水土流失严重，沟道密度 2～7 千米 / 千米^2，沟壑面积占土地面积的 30%～50%，有的达 60% 以上，但黄河的冲刷和淤积却是华北平原形成的重要因素之一。

黄河干流仅部分河段通行木船和小型驳船。黄河水力资源居全国第二位。干支流水力发电理论蕴藏量 4000 万千瓦，年发电量 3500 多亿千瓦时，其中干流可开发水电资源 2500 万千瓦。

人文概况

黄河流域共有耕地约 0.18 亿公顷。上游草原辽阔，是中国羊毛、皮革和其他畜产品的主要产地。中、下游有广大的黄土高原和冲积平原，是中国农业发源地之一。陕、豫、鲁等省的小麦、棉花在全国占重要地位。黄河鲤鱼闻名。河口滨海浅海区出产毛虾、对虾等 20 多种水产品。

黄河流域蕴藏有煤、石油、铁、铜、铝、铅、金、银、钨、铬、镁等矿藏，已逐渐形成上游水电基地、中游煤炭基地、下游石油基地的能源工业布局，是中国举足轻重的三大常规能源基地。流域亦为中国重要工业区，重要城市有西宁、兰州、银川、包头、西安、太原、洛阳、郑州、济南等。

黄河是中华民族的摇篮。远在80万年以前，黄河流域就有人类活动，新石器时代已有定居农业。距今约3500年前，位于黄河流域的商王朝已成为当时世界三大文明中心之一。由夏至北宋，黄河流域一直是中国政治、经济、文化的中心。

灾害及治理

黄河的洪水灾害闻名于世。危害最烈的是在下游。黄河一年中有4个汛期：夏季的"伏汛"、9～10月的"秋汛"、3～4月的"桃汛"和春初的"凌汛"。伏汛和秋汛通常合称为"伏秋大汛"。20世纪50年代以前，黄河常发生决口泛滥以致改道的严重灾害。有历史记载的2000多年中，黄河下游发生决口泛滥1500多次，重要的改道26次，灾害波及海河、淮河和长江下游约25万平方千米的地区。每次决口泛滥都造成惨重损失，如1933年下游决口54处，受灾面积1.1万多平方千米，受灾人口达360多万。黄河流域旱灾也较严重。

黄河治理远在春秋战国时代就开始在两岸修筑堤防。两汉时期，抢险、堵口和保护堤岸的"工程"已经出现。宋代已有简单的报汛方法和防汛制度。1世纪后半叶（东汉永平）的王景，16世纪后半叶（明嘉靖到万历）的潘季驯，17世纪后半叶（清康熙）的靳辅、陈潢等，对于黄河下游的修堤防汛工作都有重大贡献。

1955年第一届全国人民代表大会第二次会议通过了《关于根治黄河水害和开发黄河水利的综合规划的决议》，开展了大规模综合治理黄河的工作。

远在2000多年前，黄河流域就修建了大规模的引水灌溉工程。公元前246年，在关中平原修建了郑国渠。汉武帝时在关中修建了白渠、灵轵渠、成国渠、龙首渠等。在干流宁夏、内蒙古河套地区，支流湟水、汾河、沁河下游很早就有相当规模的灌溉工程。但直到20世纪50年代前夕，黄河流域全部灌溉面积仅为80万公顷左右，水电事业几乎空白。现今黄河干流上已建成龙羊峡、李家峡、刘家峡、盐锅峡、八盘峡、青铜峡、三盛公、天桥、万家寨、三门峡、小浪底等大型水利水电工程。全河灌溉面积466万余公顷。过去没有引黄灌溉工程的黄河下游，现已建成了多座引黄涵闸、虹吸和扬水站工程。引黄灌溉和补源面积达200万公顷，成为中国最大的自流灌区。在黄河流域还广泛开展了水沙的综合利用，小浪底水利枢纽为黄河的防洪和改变下游的泥沙淤积发挥了重要作用。

印度的圣河——恒河

亚洲南部大河。名称源于梵文ganga，原义"速行"，转义"河流"。本为普通名词和地名通名，后演变为这条大河的专名。迭见于中国典籍，如《佛国记》《梁书·中天竺传》作恒水与天竺江，《大庄严经论》作恒伽，《大唐西域记》作殑伽，《求法高僧传·玄照传》作弶伽，《继业行记》作洹河等。

发源于喜马拉雅山脉南麓，有阿勒格嫩达河（东源）和帕吉勒提河（西源）两源。两河流势汹涌，海拔由3150米急降至300米。于代沃布勒亚格附近汇合后始称恒河。继而穿越西瓦利克山脉，在赫尔德瓦尔附近进入平原，逐渐向东南弯曲。流至安拉阿巴德，再降至120米，最大支流亚穆纳河从右侧来汇，水量陡增，河面变宽，河道弯曲，地势越发平坦，坡降每千米仅9.3厘米。自安拉阿巴德以上为上游，下至

流经圣城瓦拉纳西的恒河

西孟加拉邦段为中游,再下为下游。其中,从印度的杜连至
孟加拉国的萨尔达一段,构成印、孟的天然国界线。进入孟
加拉国后,与东来的布拉马普特拉河汇合,通过广阔的复合
三角洲,注入孟加拉湾。自汇流点以上,全长 2580 千米,流
域及于印度的乌代朗偕尔、喜马偕尔、旁遮普、北方、拉贾
斯坦、中央、切蒂斯格尔、比哈尔、恰尔根德、西孟加拉等
邦,德里中央直辖区以及尼泊尔和孟加拉国;左岸某些支流
的上源在中国境内。流域面积 90.5 万平方千米。上游水源主
要来自 3 ～ 5 月喜马拉雅山的冰雪融水,平原段则来自 6 ～ 9
月的季风雨。水量年内变化显著:冬季为枯水期,4 月底 5 月

初开始上涨，8～9月间升至最高值，水位平均高约10米，大洪水时可达15米以上。与布拉马普特拉河一起，河口流量平均为3万～3.8万米³/秒，平均年输沙量15亿吨。由于雨量丰，流量大，泥沙淤积，河床日高，常泛滥成灾。下游地势低平，河网密布，是天赐的交通大动脉，主干通航里程1450千米，干支通航里程合计超过8000千米，逆河上溯可至阿拉哈巴德等地。但自19世纪铁路运输兴起以来，航运的重要性相对大为降低。但灌溉意义古今依然，12世纪起就逐渐建立完备的灌溉系统，以泛滥灌溉与重力灌溉施惠于民。重要灌渠有印度的上甘加、下甘加、萨尔答三灌渠及孟加拉国的恒河－科巴达克灌渠。恒河流域是世界上人口最稠密的地区之一，人口总数7.16亿（2008），平均每平方千米961.3人。有千万以上人口的城市四座。恒河流域在历史上为印度斯坦的核心地带，是印度文化的摇篮。德里、亚格拉、巴特那和勒克瑙等，均先后成为不同帝国、王国和王朝的统治中心。数千年来，肥沃富饶的恒河产生了世界古代史上灿烂的印度文明。由恒河及其支流冲积而成的恒河平原，是印度经济最发达的地区，工厂林立，农田如网，是世界著名大米产区之一。蕴藏着丰富的水力资源，已在主流及一些大支流上兴建综合利用水利工程，其中赫尔德瓦尔的上恒河渠、纳罗拉的下恒河渠和北方邦的萨尔达渠等，均兼发电和灌溉之利。沿岸多宗教圣地（安拉阿巴德、瓦拉纳西、赫尔德瓦尔、胡格利河等）。印度教徒们笃信教义，将恒河称为"圣河""信仰之河"。认为恒河水可以涤去身上的污秽，清除灵魂的罪恶，不仅喝恒河的水，而且常在恒河沐浴，死后遗骸也要送到河边火化，骨灰撒入河中，以便登临"极乐世界"。在一年一度的恒河大庙会之际，各地信徒千里迢迢前来朝拜、沐浴，盛况空前。

人类文明的初始——幼发拉底河和底格里斯河

　　幼发拉底河，西南亚最长的河流。幼发拉底－底格里斯"双子河系"的两河之一。上源有二，均在土耳其东部山区（亚美尼亚高原）。一为卡拉苏河或称西幼发拉底河，一般认为是其正源；一为穆拉特河或称东幼发拉底河。两源在凯班以北汇合后，正式称幼发拉底河。

　　幼发拉底河曲折南流，进入叙利亚，转而向东南流，从

左岸接纳哈布尔河等支流后进入伊拉克。继续向东南流，最后在古尔奈与底格里斯河相会。以上全长 2750 千米，流域面积 67.3 万平方千米。其间在伊拉克的希特附近进入平原地带，坡降渐缓，流速渐慢。从穆赛伊卜起，分为两支，到萨马沃附近重新汇合。南支为干流，因流经欣迪耶城，另名欣迪耶河，长约 210 千米；北支为侧流，因经过希拉城，另名希拉河，长约 190 千米。从希特到古尔奈的平原段，长约 700 千米。希特以下可通汽船。与底格里斯河中下游一带，共同构成人类社会文明发祥地之一，自古发挥着极为重要的灌溉作用。沿岸古代城市遗址甚多，如举世闻名的巴比伦；其他尚有埃雷克、拉尔萨、西珀尔和乌尔等。现代城市主要有卡拉、代尔祖尔、拉马迪、希拉、纳杰夫和纳西里耶等。自古尔奈以下与底格里斯河的汇流段，以"阿拉伯河"名注入波斯湾（阿拉伯湾）。

底格里斯河，西南亚大河。幼发拉底河 – 底格里斯河

流经巴格达市的底格里斯河

"双子河系"的两河之一，发源于土耳其东部托罗斯山区的哈扎尔湖，基本取东南走向。在吉兹雷以南，长约 32 千米的一段，为土耳其和叙利亚的界河。然后进入伊拉克境内。经摩苏尔、巴格达等城市，沿途接纳大扎卜河、小扎卜河、迪亚拉河等支流，在古尔奈附近与幼发拉底河汇合，以下更名阿拉伯河，注入波斯湾（两河原来分别直接入海，后因河口泥沙的淤积、三角洲的逐渐融合汇而为一）。自源头至古尔奈，流经巴格达市的底格里斯河长 1950 千米，流域面积 37.5 万平方千米，均较幼发拉底短、小，但平均流量为 1850 米³/ 秒，却大大超过幼发拉底河而为西南亚水量最

底格里斯河

大的河流。主要是左岸支流众多，亚美尼亚高原和扎格罗斯山脉南坡、东坡大量靠雨雪补给的河流，几乎全部汇入，因而进水量大增。自古以灌溉著名。下游两岸湖泊成群，沼泽成片。幼发拉底河中下游一带，共同构成人类社会文明发祥地之一，底格里斯河与沿岸古城遗址和名胜古迹众多，有尼尼微、阿卡德、乌玛、阿苏尔、塞琉西亚、亚述、卡拉等多座古代名城。其为世界著名游览区。巴格达以下可通汽船。

第二章

欧洲

船夫的晨曲——伏尔加河

　　欧洲第一大河。古称拉河，中世纪时称伊季尔河。位于俄罗斯欧洲部分。源出瓦尔代高地，源头海拔228米。河流曲折东流，至喀山附近折向南流，到伏尔加格勒转向东南，最后注入里海。全长3692千米，流域面积138万平方千米。为平原型河流，比降较小，流速缓慢，河道弯曲，多沙洲浅滩，河漫滩上多牛轭湖，上游流经冰碛区，连接一系列小湖，河网发育差。

　　奥卡河汇入后为中游，流经伏尔加丘陵北缘，右岸接纳苏拉河、斯维亚加河，左岸汇入韦特卢加河，流域面积增大，河谷变宽，水量大增。左岸大支流卡马河注入后，河床更宽，水量骤增一倍以上，成为一条浩荡的大河。沿伏尔加丘陵东缘南流，河谷不对称，右岸陡峻，左岸低缓。从卡梅申附近（北纬 50°）至河口的 800 千米河段内，全无支流，形成典型的树枝状水系。伏尔加格勒以下为下游，分出一条汊河——阿赫图巴河，与干流近于平行流到河口地区，然后分成 80 余条汊河注入里海。河水挟有大量泥沙，每年输沙量 2700 万吨，沉积在河口，形成面积 1.9 万平方千米的河口三角洲。

河水补给来源主要是雪水，其次是地下水和雨水。上游和中游雪水补给占年径流量的 55％～65％，地下水占 25％～30％，雨水只占 10％～15％。下游雪水补给占比增大，雨水补给减少，地下水补给意义增大。从 11 月底至翌年 4 月为结冰期，下游 3 月中旬开始解冻，封冻期长 100～140 天。多年平均径流量 2380 亿立方米（2001 年为 2810 亿立方米）。

沿河建有多座大型水利枢纽工程，其中干流上主要有雷宾斯克、下诺夫哥罗德、切博克萨雷、萨马拉、萨拉托夫、伏尔加格勒等水库和水电站，支流卡马河上有卡马（彼尔姆）、沃特金斯克及下卡姆斯克水库和水电站等。水库总库容 1853 亿立方米，电站总装机容量为 1118 万千瓦。

俄罗斯运量最大的内河航道，干支流航道水深 3.6 米，里程 6600 千米，能通行千吨驳船。主干航线可通航 5000 吨级货轮和 2 万～3 万吨的顶推船队。该河将俄罗斯中部地区同伏尔加河流域、乌拉尔区，以及里海沿岸连接起来，通过伏尔加 - 波罗的海运河、白海 - 波罗的海运河和伏尔加 - 顿河运河，组成了白海、波罗的海、黑海、亚速海和里海的五海通航。该河货运量约占全国内河货运总量的 2/3，客运量占一半以上。主要货流有石油、建材、木材、煤炭、粮食、机械、盐类、石油制品等。沿岸主要河港和经济中心有加里宁、雷宾斯克、雅罗斯拉夫尔、下诺夫哥罗德、喀山、乌里扬诺夫斯克、萨马拉、萨拉托夫、伏尔加格勒和阿斯特拉罕等。

德国的骄傲——莱茵河

欧洲西部第一大河，重要航运水路。源出瑞士东南部阿尔卑斯山北麓，西北流经列支敦士登、奥地利、法国、德国、荷兰，注入北海。全长 1320 千米，流域面积 22.4 万平方千米。

巴塞尔以上为上游河段。前莱茵河和后莱茵河两条源流在瑞士苏尔以南汇合，构成莱茵河主流，折向北流，入博登湖；出湖后西流，至巴塞尔，途经沙夫豪森以下的莱茵瀑布。上游水量以冰雪融水补给为主，7月水位最高。主要支流有阿勒河等。流域内湖泊众多，对河流有一定调节作用。

巴塞尔至波恩为中游。河流向北流至美因茨，穿行于莱茵地堑带，南北延伸280多千米，河谷东西两侧分别为黑林山和孚日山。宾根至波恩河段流经莱茵峡谷，长120千米，河宽仅150米，两侧坡地遍布葡萄园，矗立古城堡，风景如画。中游河段接纳内卡尔河、美因河、摩泽尔河等主要支流，流量增加。冰雪融水和雨水混合补给，汛期在春末。

波恩以下为下游。流经德国西北部平原和荷兰低地，河道展宽，流速减缓。以降水补给为主，秋、冬雨较多，接纳鲁尔河、利珀河等支流，水量丰富。河口地区年平均流量

2500 米³/ 秒。下游河段含沙量较高，堆积作用旺盛，河流汊道发育。主要汊道为瓦尔河和莱克河南北两支，西流入海。汊道之间组成莱茵河三角洲，并与马斯河和斯海尔德河三角洲连成一片，构成荷兰低地。三角洲大部分地区低于海平面，依靠筑海堤防范海水浸淹。1986 年 10 月，荷兰历时 30 多年的"三角洲工程"完成，筑起的海坝将瓦尔河、莱克河，以及马斯河、斯海尔德河等的河口湾封闭，莱茵河自鹿特丹往北开凿新航道运河，改道入北海。

莱茵河流域城市密布，人口稠密，工农业发达。莱茵河各支流与西欧重要河流威悉河、塞纳河、罗讷河、埃姆斯河、易北河等均有运河相连，构成畅通便捷的水运网。20 世纪以来，莱茵河成为世界上航运最繁忙的河流之一。1992 年又建成莱茵河 – 美因河 – 多瑙河运河（RMD 运河），沟通了北海与黑海之间的内河航运。干流可通航里程 870 千米。主要河港有瑞士的巴塞尔，法国的斯特拉斯堡，德国的路德维希、美因茨、科隆、杜伊斯堡等。载重 5000 吨驳船队可上溯至巴塞尔。河口地区的鹿特丹是世界最大的海港，也是莱茵河内河航运和海运的主要转运港。货运以煤炭、铁矿石、石油产品、木材、谷物为主。20 世纪 70 年代中期，沿河各国政府签约，开始疏浚和整治河道，解决日益严重的河水污染问题。经过多年努力，至 90 年代末污染已基本得到控制。

大英帝国历史的承载者——泰晤士河

英国最重要的河流。位于英格兰南部。发源于英格兰的科茨沃尔德丘陵，上游有4条支流，经牛津、伦敦等，东流

泰晤士河及沿岸风光

注入北海，河口形成三角湾，宽29千米。长346千米，流域面积1.3万平方千米。河床坡降微缓，水位稳定，冬季流量较大，很少结冰。

牛津以下河道显著增宽，伦敦以下为潮汐区。航运价值高，通航里程280千米。河口潮高达6米以上，海轮可上溯至距河口88千米的伦敦，伦敦附近码头区延伸56千米以上。沿河架有公路和铁路桥多座。有许多运河同其他河流相通。伦敦塔桥至河口有4条沟通两岸的隧道。

亚欧大陆的界河——乌拉尔河

古称亚伊克河（1775年前）。源出俄罗斯南乌拉尔的乌拉尔套山的东北坡，曲折南流，在哈萨克斯坦西北部注入里海。长2428千米，流域面积23.1万平方千米。

中上游流经森林及森林草原带，靠乌拉尔山脉融雪水补给，谷深流急。自奥尔斯克起流向转为东西向，进入平原，河谷展宽。下游流经半荒漠和荒漠地区。下游平均流量约 400 米³/秒，河口年径流量约 8 立方千米。春汛期占全年水量的 80％。沿河建有两座水库（马格尼托哥尔斯克和伊里克林斯克）。乌拉尔斯克以下可通航。上游 11 月初至翌年 4 月初、下游 11 月末至翌年 3 月末结冰，封冻期长 4 ～ 5 个月。河口附近产鲟、鳇、鲱、鲈鱼，沿岸主要城市有马格尼托哥尔斯克、奥尔斯克、新特罗伊茨克及奥伦堡等。

第三章

非洲

非洲的生命之河——刚果河

非洲第二长河（仅次于尼罗河）。又称扎伊尔河。

源于刚果盆地东南缘，向北呈大弧形流过刚果盆地，两度穿过赤道，后向西注入大西洋。以源自坦噶尼喀湖东南高地的谦比西河为最上源，全长 4640 千米〔以出自刚果（金）东南加丹加高原的卢阿拉巴河为源头，则为 4320 千米〕。全水系流经安哥拉、赞比亚、坦桑尼亚、布隆迪、中非、喀麦隆、刚果（布）、刚果（金）等国，流域面积 376 万平方千米，其中 60％在刚果（金）境内。河口平均流量 41300 米³/秒。流域面积和流量均仅次于南美亚马孙河，居世界第二。基桑加尼以上为上游河段，长 2440 千米。上源谦比西河向西南流经高原、湖沼、湿地，抵刚果（金）边境；折向北后至姆韦鲁湖称卢阿普拉河；姆韦鲁湖以下称卢武河，向西北与卢阿拉巴河汇合，然后向北流直至金杜。金杜以下称刚果河。基桑加尼至金沙萨为中游段，长约 1700 千米。河床比降小，平均每千米下降仅 0.07 米。流向由西北、西折向西南，穿过刚果盆地中部，其间有数十条支流纳入，最重要的有洛马米河、阿鲁维米河、鲁基河、乌班吉河、桑加河、奈河－开赛河等。水网稠密，水流平缓，河面从基桑加尼的 800 米骤然展宽到 1000～2000 米以上，最宽处达 14 千米，河中多沙洲和小岛；两岸分布大片沼泽，还有马伊恩东贝湖、通巴湖等湖泊。金沙萨以下为下游段，长 500 千米。向西南切穿瀑布高原和马永贝山地，形成 360 千米峡谷，河面收缩到 400～500 米，最窄处不足 250 米。马塔迪以下进入沿海平原，河面展宽到 1000～2000 米，水深 20～100 米，经巴纳纳注入大西洋。河口段为深水溺谷，宽达数千米，水深 100～200 米。

　　流域跨赤道，有南北半球丰沛降水交替补给，水量大，年内变化小。干流的中下游每年形成两次洪峰，最大洪峰在年末，第二洪峰在春末。金沙萨年平均流量 40400 米³/秒，1961 年特大洪水年达 736000 米³/秒，1905 年枯水年为 21400 米³/秒。因基桑加尼以上及金沙萨以下河段有峡谷和瀑布障碍，内陆航船不能直达河口入海。水运之利主要限于中、上游的干支流，由40条干支线航道构成一庞大水运网，通航里程近20000千米，干流主要通航河段有：布卡武—孔戈洛，645千米；金杜—乌本杜，300千米；基桑加尼—金沙萨，1740千米。马塔迪至河口138千米，可通行海船。

水力资源丰富。多急流、瀑布，水力蕴藏量估计达1.32亿千瓦，占世界蕴藏量的1/6。干流上的重要瀑布有：蒙博图塔瀑布、约翰斯顿瀑布、恩齐洛瀑布、鬼门瀑布、尚博瀑布、博约马瀑布，以及利文斯敦瀑布群；各支流中韦莱河、乌班吉河、桑加河、夸河－开赛河等，也有不少重要瀑布。其中，落差最大的是卢菲拉河上的洛福伊瀑布，又称卡洛巴瀑布，落差340米，为非洲著名瀑布；水力蕴藏最大的是利文斯敦瀑布群，在175千米的河段内集中了32级瀑布，总落差270米，为世界最著名瀑布之一，水力蕴藏量在4000万千瓦以上。已开发的有：中非共和国姆巴利河上的博阿利水电站，刚果（金）的英加水电站。英加水电站位于利文斯敦瀑布群西南端，距马塔迪约40千米；按大英加工程开发规划，总设计装机容量为3900万千瓦；一期工程1972年动工，1974年部分发电，也称小英加工程。

南部非洲最大的河——赞比西河

非洲第四大河。又称里巴河。发源于安哥拉中东部与赞比亚西北部高地。流经安哥拉、赞比亚、纳米比亚、博茨瓦纳、津巴布韦、马拉维和莫桑比克，在莫桑比克中部的欣代附近注入印度洋莫桑比克海峡。全长2735千米，流域面积135万平方千米，河口年均流量7080万米^3/秒，在非洲仅次于刚果河。

莫西奥图尼亚瀑布（维多利亚瀑布）以上为上游段，以下至卡布拉巴萨为中游段，卡布拉巴萨以下579千米为下游段。上、中游穿流非洲中南部高原，除卡拉哈迪盆地东北缘一段水流较平稳，两岸多沼泽外，其他大部分河段比降大，多瀑布、急流、峡谷和险滩，水力资源丰富。著名瀑布和急流有查武马瀑布、恩戈涅瀑布、恩甘布韦急流和莫西奥图尼亚瀑布等，在赞比亚的卡松古拉（海拔880米），河面宽达

赞比西河

1380 米，是赞比西河最宽阔的河段，河水在此奔泻，构成世界罕见的莫西奥图尼亚宽幅瀑布。著名峡谷有巴托卡峡、卡里巴峡、卡布拉巴萨峡等，有许多优良坝址。中游段拥有两个大湖，卡里巴水库长 280 千米，由卡里巴水坝拦蓄而成，为赞比亚和津巴布韦共同拥有。在接近莫桑比克边界处，河道进入卡布拉巴萨水库，长约 320 千米，由卡布拉巴萨水坝拦蓄而成。下游段在太特盆地以下，穿过鲁巴塔峡谷，流入莫桑比克平原，形成 5～8 千米的宽阔河谷地带。河口处形成面积达 7148 平方千米、水网稠密的三角洲。赞比西河流域处于南半球热带地区，大部属热带草原气候，年降水量600～1500 毫米，河水补给较充足。径流量在非洲诸大河中仅次于刚果河居第二位。流量随降水季节变化较大，如在中游马兰巴处年平均流量 3560 米^3/秒，雨季（3～4 月）最大流量可达 12300 米^3/秒，旱季（11 月）枯水期最小流量仅 500米^3/秒。水系较发达，支流众多，重要支流在上游有隆圭本古河和宽多河，中游有卡富埃河和卢安瓜河，下游有希雷河等。全流域水力蕴藏量约13700万千瓦，干流的卡里巴峡、卡布拉巴萨峡，以及支流的卡富埃峡，已建有大型水电站，莫西奥图尼亚瀑布附近的马兰巴建有小型水电站。河上有4处主要过河点：维多利亚瀑布大桥，津巴布韦境内卡里巴水库的堤坝，津巴布韦奇龙杜市的桥梁，以及莫桑比克境内穆塔拉拉与塞纳城之间的大桥。赞比西河谷地自古就是从印度洋沿岸进入南部非洲内陆高原的通道之一。受河口沙洲、浅滩、急流、瀑布所阻，只能分段通航。下游卡布拉巴萨峡以下640千米河段可通行浅水轮，是最长的通航河段。流域内赞比亚铜带和中央铁路沿线、津巴布韦高原、马拉维希雷河流域和莫桑比克平原为重要工农业区，人口密集。

西非河流之王——尼日尔河

西非最大河流，发源于几内亚富塔贾隆高原东南坡，在西非腹地转了一个半圆形，流经几内亚、马里、尼日尔、贝宁和尼日利亚，注入几内亚湾。长 4160 千米，在非洲仅次于尼罗河和刚果河，流域面积 209 万平方千米。

河源至库利科罗是上游段，长 820 千米，先流经海拔 800～1000 米的山地和高原，沿途接纳众多支流，至巴马科河宽展至 1200 米。再穿越砂岩山地，进入海拔 300～500 米的平原。上游水流湍急，富水力资源，有著名的索图巴急流段。年降水量 1500～2000 毫米。水量丰富，库利科罗站年平均流量 1550 米^3/秒，8～10 月为汛期，2～5 月为枯水期。

库利科罗至杰巴为中游段，长 2390 千米。经马里西部冲积平原和北部沙漠区，进入尼日利亚西北部平原。中游大部属干旱和半干旱地区，蒸发与下渗强烈，虽有水量丰富的巴尼河从右岸汇入，干流水量仍有减无增。尼亚美站年平均流量 1020 米^3/秒，较上游减少 1/3 左右。排水不畅，汛期持续较长（8～12 月），尼日尔河大河湾以上的沿河低洼地和湖沼地带，滞洪积水可延续半年，形成著名的尼日尔河内陆三角洲，其中马西纳以上称为"死三角洲"，地势平坦，土地肥沃，已垦出大片农田，建有桑桑丁水利枢纽工程，是马里的粮仓；马西纳以下称"活三角洲"，地势低洼，多汊道、湖泊、沼泽，洪泛面积近 4 万平方千米，阻碍交通，但有利于渔业。

杰巴至河口为下游段，长 950 千米，流经雨水充沛地区，年降水量由北部的 500 毫米向南递增至河口达 4000 毫米。河系发达，水量丰富。最大支流贝努埃河在洛科贾从左岸汇入，汇流处河宽近 3 千米，水深 20 余米，年平均流量 6100 米³/秒。入海流量 6340 米³/秒。下游每年有两次洪水期，主洪水期由当地降水形成，9～10 月达最高峰；次洪水期由中游迟来洪水形成，2 月出现高峰，4 月水位降落。尼日尔河三角洲自阿博展开，南北长 240 千米，底部宽 320 千米，面积约 3.6 万平方千米，是非洲最大的三角洲，地区内植被茂密，海滨遍布红树林，富藏石油。

尼日尔河是西非重要通航河流。通航河段占全河长度 75%。主要通航段有河口至奥尼查，长 350 千米，全年通海轮；奥尼查至洛科贾，6 月至翌年 3 月通海轮；洛科贾至杰巴，只有 10～11 月中旬可通航；杰巴以上只通小船，库利科罗至昂松戈通航段最长。包括有莫普提、尼亚美、洛科奥、奥尼查等河港。流域内水力蕴藏量约 3000 万千瓦。

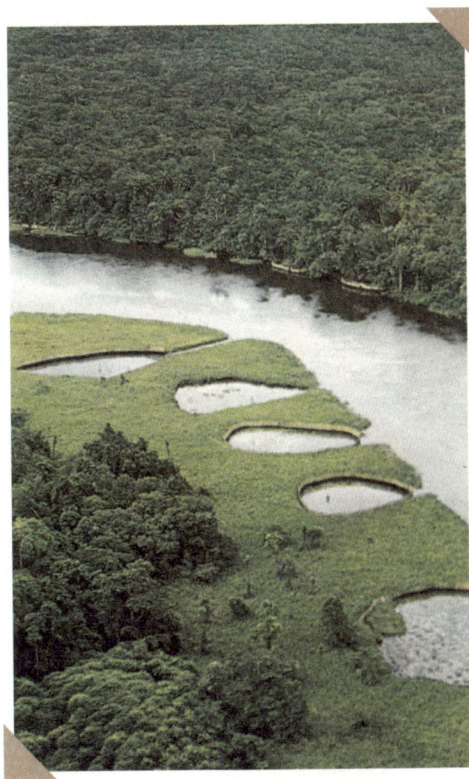

尼日尔河三角洲自然景观

最繁忙的运河——苏伊士运河

位于埃及东北部的国际运河。贯通苏伊士地峡，连接地中海塞得港与红海的陶菲克港，是欧、亚、非三大洲海上国际贸易的通道。运河通航后，从大西洋沿岸到印度洋诸港之间的航程，比绕行非洲好望角缩短 5500～8000 千米。苏伊士运河的年货物通过量在国际运河中居首位。

沿　革

公元前 1887～前 1849 年，古埃及第十二王朝的法老塞索斯特里斯三世当政时期，就从尼罗河支流上的扎加济格附近经大苦湖、小苦湖到苏伊士开凿了一条间接沟通地中海与红海的古苏伊士运河，后因泥沙淤积失修而废弃。约在前 6 世纪，古埃及第二十一王朝尼科二世曾开始开凿连接地中海和红海的运河，但直到前 250 年前后才完成。由于泥沙淤

积，运河需要经常疏浚且时通时断，到 775 年加利夫时期予以废弃。

19 世纪开始着手研究直接连通地中海和红海的运河方案。鉴于运河两端水位差不大，因此采用了不设船闸的海平面运河方案。1854 年法国工程师 F.de 莱塞帕斯获得了开凿运河的特许权。1856 年他参加的苏伊士运河公司取得运河建成后使用 99 年的权利。运河于 1859 年 4 月动工。此后由于气候条件恶劣、缺乏劳动力、工具简陋，以及一度流行霍乱等诸多因素，工程进展缓慢，历经 10 年才开通。1869 年 11 月竣工通航。1882 年后由英国控制。1956 年埃及政府将运河收归国有。1967 年 6 月由于中东战争，运河关闭。1975 年 6 月运河重开。此后埃及对运河进行了扩建。

简　况

苏伊士运河全长 173 千米，其中 24％是利用曼宰莱湖、提姆萨湖、大苦湖和小苦湖挖深作为航道，其余部分则是开挖陆地而成的。运河基本上是单行航道，只在巴拉（距塞得港 55 千米）、卡布里特（在小苦湖附近）和大苦湖中有 3 处航道加宽段为双航道，可以错船。船舶通过运河的时间平均为 15 小时。

自 1869 年通航以来，运河的过水断面曾数次扩展。1975 年复航时运河水深 15 米，11 米深度处的宽度 89 米，过水断面面积 1800 平方米，可通航吃水 11.58 米、满载 6 万吨、空载 25 万吨的船舶。

扩　建

1980 年 12 月完成运河第一期扩建工程。由于塞得港和陶菲克港的进港航道向外延伸，运河全长增为 193.5 千米。运河水深增至 19.5 米，11 米深处宽 160～170 米，过水断面面积 3000～3600 平方米，可通航吃水 16.15 米、满载 15 万吨、空载 37 万吨的油船。

第一期扩建工程还增辟了 3 条汊道。塞得港支航道长

26.5 千米，可使船舶不经塞得港直接出入运河；提姆萨汉道长 5 千米；德维斯瓦汉道（距塞得港 95 千米）—大苦湖西航道—卡布里特西汉道，共长 27 千米。此外，裁直一些弯道，并建成监视船舶动态的电子控制系统，从而缩短了船舶通过运河的时间，进一步保障了航行安全。允许船舶通过运河的最大航速为每小时 14 千米。第一期扩建工程挖泥约 7 亿立方米，工程造价 12.7 亿美元。

苏伊士运河第一期扩建工程完工以后，通过运河的船舶数量和吨位均有显著增加。1981 年通过运河的船舶总数达到 21870 艘（平均每天 60 艘），比 1975 年增长 3 倍。1981 年通过运河的船舶吨位达 3.42 亿净吨，收入 9 亿美元，比 1980 年增加 40%。1994 年运河第二期扩建工程将航道水深增至 23.5 米，水深 11 米处的宽度增至 240 米，过水断面面积为 5000 平方米，可通航载重 26 万吨、空载 70 万吨的油船。

第四章

南北美洲

保持生物多样性的神秘河流——亚马孙河

南美洲第一大河，世界上流域面积最广、流量最大的河流。位于南美洲中北部。发源于秘鲁南部安第斯山区西科迪勒拉山脉东坡，上源阿普里马克河，接纳乌鲁班巴河后，称乌卡亚利河。北流接纳马拉尼翁河后始称亚马孙河。

自此河水东流，流入巴西境内的亚马孙平原，至马拉若岛附近注入大西洋。以乌卡亚利河上源阿普里马克河起算全长约6480千米，长度仅次于埃及的尼罗河（6671千米）。沿途接纳大小支流1000多条，长度超过1000千米的支流有200多条，超过1500千米的主要支流有17条，其中马代拉河最长（3200千米）。流域面积达705万平方千米，跨越25个纬度线，包括巴西的大部分，以及委内瑞拉、哥伦比亚、厄瓜多尔、秘鲁和玻利维亚的一部分，约占南美大陆总面积的40%。每年注入大西洋的水量约6600多立方千米，约占世界河流注入大洋总水量的1/6。河口年平均流量为21万米³/秒。

上 游

从源头到与马拉尼翁河交汇处长约2640千米，流经秘鲁70%的土地。分上、下两段。上段即阿普里马克河段，长约960千米。从海拔5200米的奇尔卡雪山流下，穿行于东、西科迪勒拉山脉之间的狭长高原，水深流急，形成一系列急流瀑布。然后沿山麓而下，至阿塔拉亚与同出秘鲁南部安第斯山区的乌鲁班巴河汇合。下段乌卡亚利河，长1680千米。向北流出80多千米后，进入秘鲁东部的亚马孙平原。河宽由400米扩展至1200米，河床比降锐减至0.047‰。至瑙塔附近与源于秘鲁西部西科迪勒拉山脉东坡的马拉尼翁河汇合，河面宽2000米，水量激增。

中 游

自马拉尼翁河与乌卡亚利河交汇处至巴西境内的马瑙斯，长约2240千米。在秘鲁河港伊基托斯以下，转向东行，穿过 80 千米长的哥伦比亚和秘鲁国境，接纳了构成秘鲁和巴西部分国界的雅瓦里河，随后流贯巴西北部。在进入巴西境内后直至马瑙斯河段，称为索利蒙伊斯河，河深大部分在 45 米以上。水深河宽，比降微小，流速缓慢。河中岛洲错列，河道呈网状分布。在马瑙斯附近，北岸最大支流内格罗河注入，河面宽至 11 千米，河深 99 米。

下 游

自马瑙斯至河口的亚马孙河下游长 1600 千米。水深河宽，地势低平，湖泊星罗棋布。马瑙斯以下 150 千米处，全水系最大的支流马代拉河从南岸注入。自此以下，阶地逐渐收缩，以至消失。因北岸圭亚那高原的罗赖马高地和南岸的巴西高原迫近河岸，亚马孙平原束窄，在奥比杜斯处河宽减至 1800 米，流速加快。奥比杜斯以下复又展宽，河床比降不到 0.008‰。在河流临近入海口附近，又接纳了欣古河，河流宽度达 125 千米。河口处形成宽约 330 千米的三角港，每年 3～6 月大西洋海潮涌入喇叭口形的三角港内，溯河而上至距河口 960 千米的奥比杜斯，最远可深入内陆 1400 千米。由于受到迎面河水的阻力，潮水被抬升，形成高 2 米、最高 5 米的潮头，潮头壁立，巨浪翻滚，气势磅礴，景色极为壮观。由于大量泥沙淤积，三角港内形成许多浅滩和岛屿，其中有世界最大的河水冲积形成的河海岛马拉若岛，面积达 5 万平方千米，它把干流分成两支。北支为亚马孙河主河口，河口段宽 80 千米，多沙洲；南支称帕拉河，水深畅通，海轮多经此道出入。

亚马孙平原南北介于巴西高原与圭亚那高原之间，西为安第斯山地，地势向平原倾斜，腹宽口窄，为一巨大集水盆地。亚马孙河流域地处赤道多雨气候区，气候湿热，终年高温多雨，年降水量多在 2000 毫米以上，并有安第斯山脉冰雪融水补给，水源供应充足。干流水量极大。流域内降水季节变化较小，降水量分布均匀，加以南、北岸支流流域雨季错开，干流水量在不同时期均可得到补偿，因此水量变化幅度缓和，洪水期与枯水期流量比率约为 5∶1，体现赤道水系特点。干流洪水期大致开始于 10 ～ 11 月，至翌年 3 ～ 6 月进入最高洪水期，6 月以后逐渐减退，至 9 月最低。下游在时间上稍见落后。

航运条件优越，干流及主要支流的下游河段无瀑布险滩，枯水期也有足够的水深，无冰冻期。3000 吨级海轮可上溯 3680 千米至秘鲁的伊基托斯，7000 吨级海轮可抵马瑙斯。全水系有 6 万千米的水网。水系的水力资源丰富，其中大部分分布在秘鲁境内安第斯山区河段；支流从圭亚那高原和巴西高原进入平原的接触带上，也多陡落成急流或瀑布。亚马孙河每隔一定时期就改道一次，留下广阔的河漫滩地带，形成一系列曲流痕迹、牛轭湖，以及被遗弃的河槽。河中渔业资源丰富，淡水鱼种类多达 2000 种，其中有世界上最大的食用淡水鱼皮拉鲁库鱼，还有海牛、淡水豚、鳄、巨型水蛇等多种水生动物。流域内大部分地区覆盖着茂密的热带雨林，植物种类繁多，有大量的硬木、棕榈及天然橡胶林。矿产资源丰富，已开采的有石油、铁、锰、锡、铝土矿等。亚马孙河流域人口稀少，大部分地区尚未开发，潜力极大。

我来自落基山脉——哥伦比亚河

北美洲河流。源出加拿大不列颠哥伦比亚省境内落基山西坡的哥伦比亚湖（海拔 820 米）。

先向西北流，后南下经不列颠哥伦比亚高原南部，进入美国华盛顿州，流贯于哥伦比亚高原北缘和西缘，在接纳其最大支流斯内克河后，折向西流，构成华盛顿州和俄勒冈州州界，最后穿过喀斯喀特山脉峡谷区，在俄勒冈州阿斯托里亚附近注入太平洋。全长 2000 千米，流域面积 66.8 万平方千米，其中在加拿大境内段长 748 千米，流域面积 10.4 万平方千米。主要支流还有库特内河、庞多雷河、斯波坎河、奥卡诺根河、威拉米特河等。流量大，河口年平均流量 7500 米^3/秒。水位季节变化小，春末夏初冰雪融化时水位较高。大部分河段流经深谷，比降较大，干支流多急流瀑布，水力资源丰富；河谷基岩抗蚀性强，河流含沙量小，有利于兴建水利工程。20 世纪 30 年代开始实施哥伦比亚河流域规划，沿干支流兴建许多大小水坝，以控制洪水、水力发电、灌溉和改善航行条件。其中，规模最大的是大古力水电站，为美国最大的水电站，装机容量达 648 万千瓦。斯内克河河口以下河段可通航，远洋海轮上溯至波特兰港，借助船闸上溯至达尔斯坝。河流下游原盛产鲑鱼，因水利工程建设和河水污染，渔产减少。1994 年美国西北能源规划委员会批准一项旨在恢复鲑鱼生态环境的计划。流域内辟有多处划船、垂钓等游乐设施。

连接两大洋的运河——巴拿马运河

凿通巴拿马地峡，沟通太平洋和大西洋的国际运河。位于巴拿马共和国中部，是连接巴拿马城和科隆、克利斯托瓦尔港的一条国际贸易通道。运河通航后大西洋和太平洋沿岸之间航程缩短 5000～10000 千米。

巴拿马运河全长 81.3 千米，沿程建有 3 座船闸。运河起自加勒比海，经一段人工开挖的航道，至加通三级船闸水位升高 25.9 米，然后进入加通湖区，通过开挖地峡分水岭形成的加利亚德航道，再经佩德罗·米格尔单级船闸，水位下降 9.45 米，又过米拉弗洛雷斯双级船闸，水位再降 16.45 米，达到太平洋海平面，最后经弗拉门科岛进入太平洋。加通湖是在加通附近建造的一座拦截查格雷斯河的大坝形成的人工湖。

巴拿马运河基本上是双向航道，底宽 152～305 米，水深 12.8～26.5 米。三座船闸都是双线船闸，闸室长 304.8 米、宽 33.5 米，门槛水深 12.8 米。

通过运河的船舶一般为 45000 吨级，最大的为 65000 吨级。通过运河的船舶长度不得超过 297 米，宽度不得超过 32.58 米，最大吃水 12.04 米。枯水季节只许吃水小于 11.58

巴拿马运河

米的船舶通过。船舶在运河上的航速在不同航段上控制在每小时 8 ～ 18 海里。船舶通过运河平均需 17 小时，其中航行时间为 10 小时。每年通过运河的船舶数量有 14000 ～ 15000 艘，通过的货物量超过 1 亿吨，年收入超过 1 亿美元。

根据美国和巴拿马两国签订的巴拿马运河条约，巴拿马运河自 1979 年 10 月 1 日，改由两国共管；2000 年 1 月 1 日巴拿马共和国全部收回运河的管辖权。